*Carol Compton*

# NOUVEAUX CLASSIQUES LAROUSSE

FONDÉS PAR    DIRIGÉS PAR
**FÉLIX GUIRAND    LÉON LEJEALLE**
Agrégés des Lettres

# LE TARTUFFE

*comédie*

## LES INTERPRÈTES PRIMITIFS DE LA COMÉDIE DE MOLIÈRE

### Armande Béjart dans le rôle d'Elmire,
### Du Croisy dans celui de Tartuffe.

# MOLIÈRE

# LE
# TARTUFFE

*comédie*

avec une Notice biographique, une Notice historique
et littéraire, un Lexique, des Notes explicatives, des
Jugements, un Questionnaire et des Sujets de devoirs,

par

**J.-P. CAPUT**

Ancien élève de l'E. N. S. de Saint-Cloud
Diplômé d'études supérieures

## LIBRAIRIE LAROUSSE

17, rue du Montparnasse, et boulevard Raspail, 114
Succursale : 58, rue des Écoles (Sorbonne)

# RÉSUMÉ CHRONOLOGIQUE
## DE LA VIE DE MOLIÈRE
### 1622-1673

**1622** (15 janvier) — Baptême **à Paris,** à l'église Saint-Eustache, de Jean-Baptiste Poquelin, fils aîné du marchand tapissier Jean Poquelin et de Marie Cressé.

1632 (mai) — Mort de Marie Cressé.

1637 — Jean Poquelin assure à son fils Jean-Baptiste la survivance de sa charge de tapissier ordinaire du roi. (Cet office, transmissible par héritage ou par vente, assurait à son possesseur le privilège de fournir et d'entretenir une partie du mobilier royal; Jean Poquelin n'était évidemment pas le seul à posséder une telle charge.)

1639 (?) — Jean-Baptiste termine ses études secondaires au collège de Clermont (aujourd'hui lycée Louis-le-Grand), tenu par les Jésuites.

1642 — Il fait ses études de droit à Orléans et obtient sa licence. C'est peut-être à cette époque qu'il subit l'influence du philosophe épicurien Gassendi et lie connaissance avec les « libertins » Chapelle, Cyrano de Bergerac, d'Assoucy.

**1643** (16 juin) — S'étant lié avec une comédienne, **Madeleine Béjart,** née en 1618, il constitue avec elle une troupe qui prend le nom d'**Illustre-Théâtre;** la troupe est dirigée par Madeleine Béjart.

**1644** — Jean-Baptiste Poquelin prend le surnom de **Molière** et devient directeur de l'Illustre-Théâtre, qui, après des représentations en province, s'installe à Paris et joue dans des salles de jeu de paume désaffectées.

1645 — L'Illustre-Théâtre connaît des difficultés financières; Molière est emprisonné au Châtelet pour dettes pendant quelques jours.

**1645** — Molière part pour **la province** avec sa troupe. Cette longue période
**1658** de treize années est assez mal connue : on a pu repérer son passage à certaines dates dans telle ou telle région, mais on ne possède guère de renseignements sur le répertoire de son théâtre; il est vraisemblable qu'outre des tragédies d'auteurs contemporains (notamment Corneille) Molière donnait de courtes farces de sa composition, dont certaines n'étaient qu'un canevas sur lequel les acteurs improvisaient, à l'italienne.
1645-1653 — La troupe est protégée par le duc d'Épernon, gouverneur de Guyenne. Molière, qui a laissé d'abord la direction au comédien Dufresne, imposé par le duc, reprend lui-même (1650) la tête de la troupe : il joue dans les villes du Sud-Ouest (Albi, Carcassonne, Toulouse, Agen, Pézenas), mais aussi à Lyon (1650 et 1652).
1653-1657 — La troupe passe sous la protection du prince de Conti, gouverneur du Languedoc. Molière reste dans les mêmes régions : il joue le personnage de Mascarille dans deux comédies de lui (les premières dont nous ayons le texte) : **l'Étourdi,** donné à Lyon en **1655,** **le Dépit amoureux,** à Béziers en **1656.**
1657-1658 — Molière est maintenant protégé par le gouverneur de Normandie; il rencontre Corneille à Rouen; il joue aussi à Lyon et à Grenoble.

1658 — Retour à Paris de Molière et de sa troupe, qui devient « troupe de Monsieur »; le succès d'une représentation (*Nicomède* et une farce) donnée devant le roi (24 octobre) lui fait obtenir la **salle du Petit-Bourbon** (près du Louvre), où il joue en alternance avec les comédiens-italiens.

**1659** (18 novembre) — Première représentation des *Précieuses ridicules* (après *Cinna*) : grand succès.

1660 — *Sganarelle* (mai). Molière crée, à la manière des Italiens, le personnage de **Sganarelle,** qui reparaîtra, **toujours interprété par lui,** dans plusieurs comédies qui suivront. — Il reprend, son frère étant mort, la survivance de la charge paternelle (tapissier du roi) qu'il lui avait cédée en 1654.

**1661** — Molière, qui a dû abandonner le théâtre du Petit-Bourbon (démoli pour permettre la construction de la colonnade du Louvre), s'installe au **Palais-Royal**. *Dom Garcie de Navarre*, comédie héroïque : échec. *L'École des maris* (24 juin) : succès. *Les Fâcheux* (novembre), première comédie-ballet, jouée devant le roi, chez Fouquet, au château de Vaux-le-Vicomte.

**1662** — **Mariage** de Molière avec **Armande Béjart** (sœur ou fille de Madeleine), de vingt ans plus jeune que lui. *L'École des femmes* (26 décembre) : grand succès.

**1663** — Querelle à propos de l'*École des femmes*. Molière répond par *la Critique de l'* « *École des femmes* » (1er juin) et par l'*Impromptu de Versailles* (14 octobre).

**1664** — Naissance et mort du premier enfant de Molière : Louis XIV en est le parrain. *Le Mariage forcé* (janvier), comédie-ballet. Du 8 au 13 mai, fêtes de l' « Ile enchantée » à Versailles : Molière, qui anime les divertissements, donne *la Princesse d'Élide* (8 mai) et les trois premiers actes du *Tartuffe* (12 mai) : **interdiction** de donner à Paris cette dernière pièce. Molière joue *la Thébaïde*, de Racine.

**1665** — *Dom Juan* (15 février) : malgré le succès, Molière, toujours critiqué par les dévots, retire sa pièce après quinze représentations. Louis XIV donne à la troupe de Molière le titre de « troupe du Roi » avec une pension de 6 000 livres (somme assez faible, puisqu'une bonne représentation au Palais-Royal rapporte, d'après le registre de La Grange, couramment 1 500 livres et que la première du *Tartuffe*, en 1669, rapportera 2 860 livres). *L'Amour médecin* (15 septembre). Brouille avec Racine, qui retire à Molière son *Alexandre* pour le donner à l'Hôtel de Bourgogne.

**1666** — Molière, malade, cesse de jouer pendant plus de deux mois ; il loue une maison à Auteuil. *Le Misanthrope* (4 juin). *Le Médecin malgré lui* (6 août), dernière pièce où apparaît Sganarelle. En décembre, fêtes du « Ballet des Muses » à Saint-Germain : *Mélicerte* (2 décembre).

**1667** — Suite des fêtes de Saint-Germain : Molière y donne encore *la Pastorale comique* (5 janvier) et *le Sicilien ou l'Amour peintre* (14 février). **Nouvelle version du *Tartuffe***, sous le titre de l'*Imposteur* (5 août) : la pièce est **interdite** le lendemain.

**1668** — *Amphitryon* (13 janvier). *George Dandin* (18 juillet). *L'Avare* (9 septembre).

**1669** — Troisième version du *Tartuffe* (5 février), enfin **autorisé** : immense succès. Mort du père de Molière (25 février). A Chambord, *Monsieur de Pourceaugnac* (6 octobre).

**1670** — *Les Amants magnifiques*, comédie-ballet (30 janvier à Saint-Germain). *Le Bourgeois gentilhomme*, comédie-ballet (14 octobre à Chambord).

**1671** — *Psyché*, tragédie-ballet avec Quinault, Corneille et Lully (17 janvier), aux Tuileries, puis au Palais-Royal, aménagé pour ce nouveau spectacle. *Les Fourberies de Scapin* (24 mai). *La Comtesse d'Escarbagnas* (2 décembre à Saint-Germain).

**1672** — Mort de Madeleine Béjart (17 février). *Les Femmes savantes* (11 mars). Brouille avec Lully, qui a obtenu du roi le privilège de tous les spectacles avec musique et ballets.

**1673** — *Le Malade imaginaire* (10 février). A la quatrième représentation (17 février), Molière, pris en scène d'un malaise, est transporté chez lui, rue de Richelieu, et **meurt** presque aussitôt. N'ayant pas renié sa vie de comédien devant un prêtre, il n'avait, selon la tradition, pas le droit d'être enseveli en terre chrétienne : après intervention du roi auprès de l'archevêque, on l'enterre sans grande cérémonie à 9 heures du soir au cimetière Saint-Joseph.

*Molière avait seize ans de moins que Corneille, huit ans de moins que La Rochefoucauld, un an de moins que La Fontaine.*

*Il avait un an de plus que Pascal, quatre ans de plus que Mme de Sévigné, cinq ans de plus que Bossuet, quatorze ans de plus que Boileau, dix-sept ans de plus que Racine.*

# MOLIÈRE ET SON TEMPS

| | vie et œuvre de Molière | le mouvement intellectuel et artistique | les événements politiques |
|---|---|---|---|
| 1622 | Baptême à Paris de J.-B. Poquelin (15 janvier). | Succès dramatiques d'Alarcon, de Tirso de Molina en Espagne. | Paix de Montpellier, mettant fin à la guerre de religion en Béarn. |
| 1639 | Quitte le collège de Clermont où il a fait ses études. | Maynard : Odes. Tragi-comédies de Boisrobert et de Scudéry. Naissance de Racine. | La guerre contre l'Espagne et les Impériaux, commencée en 1635, se poursuit. |
| 1642 | Obtient sa licence en droit. | Corneille : la Mort de Pompée (décembre). Du Ryer : Esther. | Prise de Perpignan. Mort de Richelieu (4 décembre). |
| 1643 | Constitue la troupe de l'Illustre-Théâtre avec Madeleine Béjart. | Corneille : le Menteur. Ouverture des petites écoles de Port-Royal-des-Champs. Arrivée à Paris de Lully. | Mort de Louis XIII (14 mai). Victoire de Rocroi (19 mai). Défaite française en Aragon. |
| 1645 | Faillite de l'Illustre-Théâtre. | Rotrou : Saint Genest. Corneille : Théodore, vierge et martyre. | Victoire française de Nördlingen sur les Impériaux (3 août). |
| 1646 | Reprend place avec Madeleine Béjart dans une troupe protégée par le duc d'Épernon. Va en province. | Cyrano de Bergerac : le Pédant joué. Saint-Amant : Poésies. | Prise de Dunkerque. |
| 1650 | Prend la direction de la troupe, qui sera protégée à partir de 1653 par le prince de Conti. | Saint-Évremond : la comédie des Académistes. Mort de Descartes. | Troubles de la Fronde : victoire provisoire de Mazarin sur Condé et les princes. |
| 1655 | Représentation à Lyon de l'Étourdi. | Pascal se retire à Port-Royal-des-Champs (janvier). Racine entre à l'école des Granges de Port-Royal. | Négociations avec Cromwell pour obtenir l'alliance anglaise contre l'Espagne. |
| 1658 | Arrive à Paris avec sa troupe, qui devient la « troupe de Monsieur » et occupe la salle du Petit-Bourbon. | Dorimond : le Festin de pierre. | Victoire des Dunes sur les Espagnols. Mort d'Olivier Cromwell. |
| 1659 | Représentation triomphale des Précieuses ridicules. | Villiers : le Festin de pierre. Retour de Corneille au théâtre avec Œdipe. | Paix des Pyrénées : l'Espagne cède l'Artois et le Roussillon à la France. |
| 1660 | Sganarelle ou le Cocu imaginaire. | Quinault : Stratonice (tragédie). Bossuet prêche le carême aux Minimes. | Mariage de Louis XIV et de Marie-Thérèse. Restauration des Stuarts. |
| 1661 | S'installe au Palais-Royal. Dom Garcie de Navarre. L'École des maris. Les Fâcheux. | La Fontaine : Élégie aux nymphes de Vaux. | Mort de Mazarin (8 mars). Arrestation de Fouquet (5 septembre). |

| Année | Molière | Lettres et Arts | Histoire |
|---|---|---|---|
| 1662 | Se marie avec Armande Béjart. L'Ecole des femmes. | Corneille : Sertorius. La Rochefoucauld : Mémoires. Mort de Pascal (19 août). Fondation de la manufacture des Gobelins. | Michel Le Tellier, Colbert et Hugues de Lionne deviennent ministres de Louis XIV. |
| 1663 | Querelle de l'Ecole des femmes. La Critique de « l'Ecole des femmes ». | Corneille : Sophonisbe. Racine : ode Sur la convalescence du Roi. | Invasion de l'Autriche par les Turcs. |
| 1664 | Le Mariage forcé. Interdiction du premier Tartuffe. | Racine : la Thébaïde ou les Frères ennemis. | Condamnation de Fouquet, après un procès de quatre ans. |
| 1665 | Dom Juan. L'Amour médecin. | La Fontaine : Contes et Nouvelles. Mort du peintre N. Poussin. | Peste de Londres. |
| 1666 | Le Misanthrope. Le Médecin malgré lui. | Boileau : Satires (I à VI). Furetière : le Roman bourgeois. Fondation de l'Académie des sciences. | Alliance franco-hollandaise contre l'Angleterre. Mort d'Anne d'Autriche. Incendie de Londres. |
| 1667 | Mélicerte. La Pastorale comique. Le Sicilien. Interdiction de la deuxième version du Tartuffe : l'Imposteur. | Corneille : Attila. Racine : Andromaque. Milton : le Paradis perdu. Naissance de Swift. | Conquête de la Flandre par les troupes françaises (guerre de Dévolution). |
| 1668 | Amphitryon. George Dandin. L'Avare. | La Fontaine : Fables (livres I à VI). Racine : les Plaideurs. Mort du peintre Nicolas Mignard. | Fin de la guerre de Dévolution : traités de Saint-Germain et d'Aix-la-Chapelle. Annexion de la Flandre. |
| 1669 | Représentation du Tartuffe. Monsieur de Pourceaugnac. | Racine : Britannicus. Th. Corneille : la Mort d'Annibal. Bossuet : Oraison funèbre d'Henriette de France. | |
| 1670 | Les Amants magnifiques. Le Bourgeois gentilhomme. | Racine : Bérénice. Corneille : Tite et Bérénice. Édition des Pensées de Pascal. Mariotte découvre la loi des gaz. | Mort de Madame. Les états de Hollande nomment Guillaume d'Orange capitaine général. |
| 1671 | Psyché. Les Fourberies de Scapin. La Comtesse d'Escarbagnas. | Débuts de la correspondance de Mme de Sévigné avec Mme de Grignan. | Louis XIV prépare la guerre contre la Hollande. |
| 1672 | Les Femmes savantes. Mort de Madeleine Béjart. | Racine : Bajazet. Th. Corneille : Ariane. P. Corneille : Pulchérie. | Déclaration de guerre à la Hollande. Passage du Rhin (juin). |
| 1673 | Le Malade imaginaire. Mort de Molière (17 février). | Racine : Mithridate. Séjour de Leibniz à Paris. Premier grand opéra de Lully : Cadmus et Hermione. | Conquête de la Hollande. Prise de Maestricht (29 juin). |

# BIBLIOGRAPHIE SOMMAIRE

## OUVRAGES GÉNÉRAUX SUR MOLIÈRE :

Gustave Michaut, *les Luttes de Molière* (Paris, Hachette, 1925).

Louis Jouvet, *Molière et l'interprétation de Molière.* Deux articles dans *Conférencia* (1er septembre 1937 et 1er juin 1938).

Daniel Mornet, *Molière, l'homme et l'œuvre* (coll. « Connaissance des Lettres », Paris, Hatier, 1943).

Antoine Adam, *Histoire de la littérature française au XVIIᵉ siècle*, tome III (Paris, Domat, 1952).

René Bray, *Molière, homme de théâtre* (Paris, Mercure de France, 1954).

Alfred Simon, *Molière par lui-même* (Paris, Éd. du Seuil, 1957).

## SUR « LE TARTUFFE » :

Constant Coquelin, *Tartuffe* (Paris, Ollendorff, 1884).

Jean Calvet, *Essai sur la séparation de la religion et de la vie :* I. Molière est-il chrétien ? (Paris, Lanore, 1950).

Louis Jouvet, *Pourquoi j'ai monté « Tartuffe ».* Article dans *les Annales* (tome I, n° I, novembre 1950).

Fernand Ledoux, *Molière, « le Tartuffe »* (collection « Mises en scène », Paris, Éd. du Seuil, 1953).

Hermann Prins Salomon, *« Tartuffe » devant l'opinion française* (Paris, P. U. F., 1963).

## SUR LA LANGUE DE MOLIÈRE :

Jean Dubois et René Lagane, *Dictionnaire de la langue classique* (Paris, Belin, 1960).

# LE TARTUFFE
## 1664-1669

## *NOTICE*

### CE QUI SE PASSAIT EN 1664

■ *EN POLITIQUE* : *La politique française reste soumise à la direction de Colbert : fin du procès de Fouquet, exilé à Pignerol. Fondation de la Compagnie française des Indes orientales, pour l'exploitation de l'île Dauphine (Madagascar) et d'autres territoires d'outre-mer. Traité de Pise : Louis XIV rend le comtat Venaissin au pape, mais Alexandre VII promet de présenter ses excuses au roi, à la suite de l'incident entre la garde pontificale et le duc de Créqui; son neveu, le cardinal Chigi, se rend à Paris comme légat, pour s'acquitter de cette mission. Nouvelles persécutions contre les jansénistes.*

■ *EN LITTÉRATURE* : *Boileau écrit la* Satire II *(« A Molière ») et la* Satire IV *(« les Folies humaines »). Bossuet prêche à Paris. La Fontaine publie un premier recueil de Nouvelles en vers. — Au théâtre : représentation d'*Othon, *de Corneille. Racine, après la publication de sa* Renommée aux Muses, *fait ses débuts avec la* Thébaïde, *jouée chez Molière.*

■ *DANS LES SCIENCES ET DANS LES ARTS* : *Fondation de l'Académie de peinture. Le roi ordonne des agrandissements à Versailles et la colonnade qui doit achever le Louvre. Démolition de la tour de Nesle.*

### CE QUI SE PASSAIT EN 1669

■ *EN POLITIQUE* : *« Paix de l'Église ». Les jansénistes signent le formulaire de la foi. Bourdaloue vient à Paris.*

■ *EN LITTÉRATURE* : *Boileau publie les* Satires VIII *et* IX, *le* Discours sur la Satire *et l'*Épître I; *Boursault, la* Satire des Satires. La Fontaine *fait paraître les* Amours de Psyché et de Cupidon. *Carême de Bossuet, qui fait également l'*Oraison funèbre *d'Henriette de France (16 novembre); publication des* Lettres à la religieuse portugaise. *— Au théâtre :* Britannicus, *de Racine (13 décembre), la* Mort d'Annibal, *de Thomas Corneille,* Monsieur de Pourceaugnac, *de Molière (7 octobre).*

■ *DANS LES SCIENCES ET DANS LES ARTS.* En France : *Perrin obtient un privilège pour la fondation de l'Académie royale de musique. L'astronome Cassini, appelé par Colbert, quitte Bologne pour venir diriger l'Observatoire de Paris. Pierre Puget, venu de Gênes sur la demande de Colbert, décore, pour le duc de Beaufort, le vaisseau commandant le* Magnifique. A l'étranger : *Newton est nommé professeur à Cambridge. Rembrandt meurt à Amsterdam, le 8 octobre.*

## LES TROIS « TARTUFFE » 1664-1667-1669

**En avril 1664,** à la nouvelle que Molière se préparait à « jouer les dévots », les membres de la Compagnie du Saint-Sacrement, réunis chez le marquis de Laval, parlèrent beaucoup d'« obtenir la suppression de la méchante comédie de *Tartuffe* ». (Cette indication fut donnée plus tard par l'un des assistants, Voyer d'Argenson.) Le 12 mai, avant-dernier jour de la fête consacrée à Versailles aux *Plaisirs de l'Ile enchantée,* Molière fit jouer devant Louis XIV son *Tartuffe,* inachevé. Après cette représentation, la pièce fut interdite; elle ne parut ni sur scène ni en librairie. C'est pourquoi nous n'en connaissons à peu près rien. Les chroniqueurs n'en disent rien de précis; seul le témoignage de La Grange, comédien de Molière, marque qu'il s'agissait des trois premiers actes de la comédie. Le 4 août, Molière la lut à Fontainebleau, devant le légat du pape, Chigi, qui l'approuva. Mais, en ce même mois d'août, le curé de Saint-Barthélemy, Pierre Roullé, publia à propos de la pièce un pamphlet d'une violence extrême : *le Roi glorieux au monde* ou *Louis XIV le plus glorieux des rois du monde.* Le souverain marqua son mécontentement devant l'outrance du libelle où il était dit de Molière : « Un homme ou plutôt un démon, vêtu de chair et habillé en homme, et le plus signalé impie et libertin qui fut jamais dans les siècles passés. [...] Il mérite par cet attentat sacrilège et impie un dernier supplice exemplaire et public et le feu même avant-coureur de celui de l'enfer, pour expier un crime si grief de lèse-majesté divine. »

Molière, dans son premier *Placet au roi,* s'éleva contre l'injuste virulence de ce factum : « Ma comédie, sans l'avoir vue, est diabolique », écrivait-il très justement (31 août 1664). Mais l'écrivain dut se contenter de donner des représentations privées : chez Monsieur, frère du roi, à Villers-Cotterêts (le 25 septembre); devant la princesse Palatine, sur l'ordre de Condé, au Raincy (le 29 novembre 1664, puis le 8 octobre 1665).

**Le 5 août 1667,** Molière se hasarda à jouer au Palais-Royal une nouvelle version de sa pièce : *Panulfe ou l'Imposteur.* Le roi, avant de partir pour la Flandre, aurait donné son autorisation (dont aucune trace écrite ne subsiste). De son côté, Molière aurait apporté des adoucissements à la pièce. Ce fut un grand triomphe, les recettes furent énormes; mais, le lendemain, le premier président du Parlement, Lamoignon, responsable de la police en l'absence du roi, interdit toute nouvelle représentation, en termes mesurés d'ailleurs : « Monsieur, je fais beaucoup de cas de votre mérite; je sais que vous êtes non seulement un acteur excellent, mais encore un très habile homme qui faites honneur à votre profession et à la France. Cependant, avec toute la bonne volonté que j'ai pour vous, je ne saurais vous permettre de jouer votre comédie. Je suis persuadé qu'elle est fort belle et fort instructive; mais il ne convient pas à des comédiens d'instruire les hommes sur les matières de la morale chrétienne et de la religion : ce n'est pas au théâtre à se mêler de prêcher l'Evangile[1]. » La Grange et La Thorillière présentèrent au roi, devant Lille, un deuxième *Placet*, pathétique : Louis XIV ne reçut pas les comédiens mais leur fit transmettre une promesse assez vague. Le 11 août, Hardouin de Péréfixe, ancien précepteur du roi, archevêque de Paris, publia une ordonnance faisant « très expresse inhibition et défense à toutes les personnes de [son] diocèse de représenter, lire ou entendre réciter la susdite comédie, soit publiquement, soit en particulier [...] et ce, sous peine d'excommunication ».

Le texte de cette deuxième version ne nous est pas non plus parvenu, mais nous pouvons nous l'imaginer dans ses grandes lignes par les allusions qu'y fit Molière dans le deuxième *Placet* et surtout par *la Lettre sur la comédie de « l'Imposteur »*, signée « C », peut-être inspirée par Molière et relatant en détail le spectacle présenté le 5 août 1667. L'écrivain, découragé un moment, laissa les portes de son théâtre fermées du 6 août au 26 septembre. Malgré l'interdiction de l'archevêque, à moins qu'elle n'ait été spécialement levée, deux représentations privées eurent lieu en 1668 : en mars, à l'hôtel de Condé, et le 20 septembre, à Chantilly, chez le prince de Condé. **Le 5 février 1669,** Molière reçut enfin du roi l'autorisation de jouer la pièce, qui reprit son titre initial. Auparavant, Louis XIV avait demandé à Colbert de consulter Etienne Balue, théologien en Sorbonne, sur la validité de l'ordonnance lancée par l'archevêque de Paris. La réponse fut apaisante. Le succès triomphal, dont le troisième *Placet* se fait l'écho, est attesté par le chiffre de 55 représentations dans l'année, dont 28 consécutives, rapportant plus de 5 000 livres. Une première édition, assortie d'une préface, parut en mars 1669, suivie en juin d'une seconde, à laquelle les trois *Placets* étaient ajoutés. *Le Tartuffe* est, de toutes les pièces du théâtre classique, celle qui a été le plus jouée : 2 704 représentations à la Comédie-Française de 1680 à 1963.

## ANALYSE DE LA PIÈCE
(Les scènes principales sont indiquées entre parenthèses.)

■ *ACTE PREMIER.* **Débats autour de Tartuffe.**

Au lever du rideau, M^me Pernelle, la vieille mère d'Orgon, riche bourgeois, décoche à sa bru, Elmire, et à ses petits-enfants, Mariane et Damis, nés d'un premier mariage d'Orgon — soutenus par la servante Dorine et par Cléante, frère d'Elmire —, des reproches virulents et abrupts. Elle oppose à leurs « dérèglements » l'éloge de Tartuffe, étrange personnage d'une dévotion tapageuse et tracassière, qui se dit gentilhomme provincial ruiné; Orgon l'a rencontré

---

1. La querelle du théâtre vient de se rallumer : en 1666 paraissent la première *Visionnaire* de Nicole et le *Traité de la Comédie* de Conti; en 1667, Nicole fait rééditer un *Traité de la Comédie* publié en 1659.

à l'église et, poussé par une admiration illimitée qu'il ne partage qu'avec M<sup>me</sup> Pernelle, l'a recueilli en lui confiant le soin de « tout contrôler » (scène première). Nous apprenons aussi que Mariane est fiancée à Valère, qu'elle aime, mais on soupçonne Tartuffe de chercher à détourner son hôte de ce mariage. Le maître de maison, absent depuis deux jours, s'informe à son retour des événements survenus pendant son voyage; il s'impatiente de la relation que lui fait Dorine sur la maladie d'Elmire pour s'extasier sur la solide santé de Tartuffe (scène IV). Cléante, son beau-frère, s'efforce vainement de lui montrer que la vraie dévotion, plus discrète, n'est pas le fait de Tartuffe et intercède en faveur de Valère, sans succès : Orgon évasif, songe à un autre parti pour Mariane (scène V).

■ *ACTE II.* **La révolte de Dorine.**

Orgon propose brutalement à Mariane d'épouser Tartuffe. Devant la répugnance effrayée de sa fille, il se durcit, lorsque surgit Dorine; celle-ci, indignée du silence de la jeune fille, tente de combattre ce dessein absurde; devant l'obstination de son maître, elle lutte pied à pied; la scène se termine en farce, Dorine interrompant sans cesse Orgon, qui ne parvient pas à lui donner le soufflet dont il l'a menacée (scène II). Seule avec Mariane, elle l'incite sans succès à la résistance, puis lui fait un tableau comique de la vie qu'elle mènera, si elle épouse Tartuffe. La jeune fille s'abandonne aux directives de la servante (scène III). Survient Valère, dont la brusquerie suscite, avec Mariane, une scène de dépit amoureux que Dorine, témoin muet jusque-là, termine en proposant son plan : faire agir Elmire, que Tartuffe est susceptible d'écouter volontiers.

■ *ACTE III.* **L'échec du complot.**

Pendant l'entracte, Dorine a commencé la mise en œuvre de son complot. Elle tente en vain de tenir le fougueux Damis à l'écart et doit le cacher à la hâte quand Tartuffe fait son entrée : à ses hypocrites reproches sur la toilette qu'elle porte, Dorine répond de façon très directe et arrête la retraite qu'amorçait Tartuffe en lui annonçant qu'Elmire veut le voir (scène II). Seul avec celle-ci, Tartuffe lui avoue sa passion que la jeune femme s'apprête à utiliser pour sauver Mariane, quand apparaît Damis, qui a tout entendu et qui, en dépit d'Elmire, va maladroitement prévenir son père (scène III). L'imposteur se disculpe aux yeux d'Orgon, qui chasse son fils, annonce que « dès ce soir » Tartuffe sera son gendre et va « de ce pas » lui faire une donation entière de ses biens (scène VI).

■ *ACTE IV.* **Le piège d'Elmire.**

Devant la gravité de la situation, Cléante, mandé sans doute par Elmire, discute avec Tartuffe, mais sans parvenir à autre chose qu'à démasquer son ambition sans scrupules et son hypocrisie.

Après le départ de l'imposteur, la scène réunit à nouveau toute la famille — à l'exception de M^me Pernelle — autour d'Orgon pour le supplier de revenir sur sa décision; mais, raidi contre tout sentiment d'humanité, Orgon annonce son décret de donner Mariane à Tartuffe (scène III). Elmire finit par convaincre son mari d'assister à un second entretien où elle laissera l'imposteur donner libre cours à sa passion : Orgon, caché sous une table, entend effectivement l'ardente déclaration de Tartuffe, qu'Elmire interrompt à temps (scène V). Orgon, enfin désabusé, veut chasser l'hypocrite qui, impuissant à berner une nouvelle fois sa dupe, redresse la tête : par la donation (faite pendant l'entracte), il est maître de la maison; il lance en outre des menaces qui amènent Orgon à s'inquiéter d'une cassette qu'il avait confiée au traître (scène VII).

■ *ACTE V.* **Le traître enfin démasqué.**

Orgon s'est précipité dans la chambre de Tartuffe pour vérifier la disparition de l'hypocrite et de la cassette. Il explique l'histoire de celle-ci : avant de partir en exil, Argas, un de ses amis qui avait participé à la Fronde, lui a confié des papiers compromettants. Mis au courant par son hôte, Tartuffe, en tant que directeur de conscience, s'est fait remettre les documents : ainsi Orgon pourrait jurer qu'il n'en est pas détenteur. Orgon ne peut convaincre sa mère de l'hypocrisie criminelle du faux dévot (scène III); cet intermède comique est interrompu par l'arrivée d'un huissier, venu signifier un ordre d'expulsion (scène IV). Valère survient, proposant à Orgon de fuir : Tartuffe a livré au roi la cassette. Le traître en personne, flanqué d'un exempt, vient assister à l'arrestation de son bienfaiteur lorsqu'un coup de théâtre retourne la situation : en fait, c'est Tartuffe qu'on arrête; le roi a reconnu dans l'imposteur un dangereux escroc recherché par la police; Orgon, pardonné pour le recel de la cassette, rentre en possession de ses biens et court se jeter aux pieds du roi en signe de reconnaissance; Mariane épousera Valère (scène VII).

## LE PARTI DES DÉVOTS ET « TARTUFFE »

Alors que la politique religieuse de Louis XIV se heurtait à la résistance janséniste, le roi devait tenir compte aussi de l'influence exercée par le « parti dévot » qui s'était formé sous Louis XIII. Peu favorables à l'indépendance que Louis XIV prétendait garder à l'égard du pape[1], les dévots n'approuvaient guère non plus la vie privée du roi, à qui ils opposaient l'exemple donné par son père.

   Une partie de ces dévots était affiliée à la Compagnie du Saint-Sacrement, fondée en 1627 et groupant des laïcs et des religieux, dont certains de haut rang : Conti, ancien protecteur des débuts

---

1. Après l'affront fait par la garde pontificale à Créqui, ambassadeur de France (1662), Louis XIV avait envahit le comtat Venaissin. Le légat Chigi présenta les excuses du Saint-Siège (1664).

de Molière, Péréfixe, Lamoignon, le comte d'Albon, le comte de Brancas, le marquis de Fénelon. Ce parti était appuyé par la reine mère. Les buts de la Compagnie étaient très généraux et pouvaient se prêter à des interprétations diverses : elle se proposait le soulagement des misères — dont saint Vincent de Paul avait donné l'exemple —, aussi bien que la surveillance des mœurs, qui donna lieu à de notoires excès. Des scandales, allant jusqu'à la séquestration illégale des personnes, eurent lieu en Normandie et à Bordeaux en 1658, à Paris en 1660. D'autres groupements, moins importants, étaient en relation avec la Compagnie, qui les dirigeait. Une « cabale des dévots », formée de membres de ces associations, se couvrait de celles-ci pour mener au succès une œuvre plus nettement policière encore. Richelieu, puis Mazarin, pour des raisons de politique extérieure, luttèrent contre la Compagnie; puis, après 1660, Louis XIV poursuivit dans le même sens, probablement encouragé par Colbert, qui, dans sa correspondance, notait amèrement que « les dévots de la cabale [...] n'ont pas accoutumé d'être favorables aux intentions du roi ».

Molière avait déjà eu des difficultés, bien qu'indirectement, avec la Compagnie : en 1643, un de ses membres les plus actifs, Olier, curé de Saint-Sulpice, avait lutté contre l'« Illustre-Théâtre », installé dans sa paroisse; Pavillon, évêque d'Alet, avait, en 1655, converti le protecteur de Molière, le prince de Conti. Dans la querelle de *l'École des femmes* (1662-1663), Molière avait été dénoncé comme un impie bon pour le bûcher — avant-goût du pamphlet de Roullé — : on l'avait accusé d'avoir parodié dans ses *Maximes du mariage* (acte III, scène II) les Dix Commandements. *Dom Juan*, représenté en 1665, en pleine crise du *Tartuffe*, donna aux dévots un nouveau prétexte à dénoncer l'irréligion de Molière[1]; et la pièce fut retirée après quinze représentations. Le prince de Conti écrivait : « Après avoir fait dire toutes les impiétés les plus horribles à un athée qui a beaucoup d'esprit, l'auteur confie la cause de Dieu à un valet à qui il fait dire, pour Le soutenir, toutes les impertinences du monde. » Il est vrai que Molière lançait au cinquième acte un véritable défi à ceux qui s'étaient acharnés à interdire son premier *Tartuffe*. Le *Misanthrope* même (1666) contient un écho assourdi de la colère de Molière contre les dévots : dans la scène première de l'acte premier, Alceste lance toute une tirade contre l'hypocrisie et « le franc scélérat contre qui [il a] procès »; quant à la « prude Arsinoé », elle cache sous les dehors de la dévotion une âme assez noire.

Anne d'Autriche morte en 1666 et la Compagnie dissoute officiellement depuis la même date, Molière avait en 1669 triomphé, avec l'appui du roi, de l'interdiction des dévots. Il restait à affronter

---

1. Voir, en particulier, *Dom Juan*, acte I, scène II; acte III, scène I; acte V scène I; acte II et scène III.

leurs critiques. Le personnage même de Tartuffe présente plus d'un trait qui coïncide avec l'attitude dévote. Comme eux, il se livre à des activités charitables (v. 855-856). On peut rapprocher ses façons d'agir chez Orgon d'une lettre datée du 28 septembre 1660, où Guy Patin parle ainsi des gens de la Compagnie : « Ils mettaient le nez dans le gouvernement des grandes maisons, ils avertissaient les maris de quelques débauches[1] de leur femme. » Par ailleurs, le curé de Saint-Maclou, à Rouen, P. Dufour, leur reproche de « suggérer des testaments, de dispenser les aumônes des autres », ce qui est corroboré par une communication de la Compagnie de Paris à celle de Marseille : « Mais quand Dieu inspirera à quelqu'un le désir de se servir de la Compagnie pour exécuter ses pieuses intentions, et pour faire la distribution des legs, charités, dons et aumônes, il pourra choisir pour cet effet deux ou trois personnes de la Compagnie comme particuliers qui seront néanmoins approuvés d'elle. »

Or sur quoi porte l'essentiel des reproches faits alors à Molière ? On estimait, en général, « malséants » les procédés employés pour parodier l'austérité. Les attaques contre la direction de conscience, très répandue alors, choquaient. Dans la scène II de l'acte III, Molière abordait un des thèmes les plus familiers à l'Eglise du temps : l'immodestie des toilettes. En fait, ces critiques sont d'ordre général : on accusait Molière d'avoir joué la religion, mais non la Compagnie du Saint-Sacrement en particulier. On pourrait penser que l'écrivain ne visait pas celle-ci précisément; mais il devient alors difficile d'expliquer la raison des attitudes de Tartuffe, qui sont le fondement même de la pièce : direction policière de la maison d'Orgon, captation d'héritage par le biais de la donation acceptée. Les autres traits généralement critiqués restent secondaires et forment les nuances qui donnent le « fini » au caractère du personnage. En fait, la Compagnie tenait à éviter toute publicité dans une affaire aussi délicate que celle du *Tartuffe* : secrète au départ, elle avait été démasquée, en 1660, à la suite d'excès commis publiquement en Normandie par certains de ses membres. Cela expliquerait que, dans son *Traité de la comédie*, paru en 1666, le prince de Conti, sur le conseil de la Compagnie, soit resté muet sur le *Tartuffe* alors qu'il avait attaqué *Dom Juan* avec énergie. En revanche, on peut imaginer que la Compagnie du Saint-Sacrement eut intérêt à répandre le bruit que le *Tartuffe* visait la religion et l'Eglise.

## LE SENS DU « TARTUFFE »

S'il est difficile de préciser les intentions de Molière, on peut néanmoins tenter de dégager le sens et la portée de la pièce. L'auteur, tout d'abord, rattache, dans le premier *Placet*, le *Tartuffe* à l'ensemble

---

1. *Débauches* : le mot n'avait pas alors la même force qu'aujourd'hui, et pouvait même, selon Furetière, « être pris en bonne part ».

de sa production, en même temps qu'à la tradition : le théâtre doit, par le rire, corriger les vices; de même qu'il y a des misanthropes, il y a des hypocrites; « si l'emploi de la comédie est de corriger les vices des hommes, je ne vois pas par quelle raison il y en aura de privilégiés », ajoute-t-il dans sa Préface (1669). Mais l'hypocrisie de Tartuffe se cache derrière le voile de la religion, ce qui pose la question, soulevée dès 1664 : Molière n'attaque-t-il pas la vraie dévotion sous couleur de dénoncer la fausse? Penser qu'il fut athée est à la fois extrême et gratuit : rien ne le prouve, et la mentalité du XVIIe siècle n'aurait pas permis à Molière d'afficher une telle attitude. Quelle importance attacher à Cléante? L'auteur, dans la Préface, précise que Tartuffe est un « méchant homme », Cléante le « véritable homme de bien que je lui oppose ». Le frère d'Elmire, en face d'Orgon ou de Tartuffe, propose des modèles, des arguments en faveur d'une religion tournée plutôt d'ailleurs vers la bienfaisance lucide que vers la tension ascétique. Plus que le détachement absolu du mystique ou du saint, il prône l'application quotidienne de vertus plus accessibles : charité, pardon, humilité. Sans doute pense-t-il que l'effort vers une perfection individuelle et absolue requiert une âme d'élite; Orgon, moins encore que le « spectateur moyen », n'est capable, sans déséquilibre dangereux, d'une telle attitude. Quant aux pratiques extérieures, si Cléante, comme Valère, va à l'église, c'est avec discrétion, pour prier et non pour être vu. « Il est certain, écrit l'auteur anonyme de la Lettre sur la comédie de « l'Imposteur », que la religion n'est que la perfection de la raison, du moins pour la morale, qu'elle la purifie, qu'elle l'élève. » Comme dans la majorité de ses autres grandes pièces, Molière a mis ici un personnage qui symbolise l'équilibre entre les aspirations élevées et la vie sociale. Cependant, rien ne prouve que Cléante soit ici le porte-parole de l'auteur. De plus, la polémique occasionnée par la pièce et donc la nécessité impérieuse d'une certaine prudence peuvent avoir donné à ce rôle une importance qu'en réalité il n'a pas : l'écrivain avait besoin de montrer la pureté de ses intentions en proposant un modèle positif qui équilibre sa critique de Tartuffe et d'Orgon. Il est possible également d'imaginer chez Molière une dualité entre la tentation d'absolu, représentée par la fascination qu'exerce un certain ascétisme sur Orgon, et la nécessité d'une « religion aimable » et sociable que prêche son beau-frère; on peut en rapprocher un dédoublement équivalent, sur un autre thème, entre Alceste et Philinte dans le Misanthrope.

## SOURCES DU « TARTUFFE »

Il est possible de proposer une longue suite d'ouvrages antérieurs qui présentent des traits communs avec la comédie de Molière. La tâche est ici d'autant plus facile que le thème choisi par Molière n'est pas original : il ne manque pas d'hypocrites dans la littérature avant Molière. Pour *le Tartuffe*, on a cité, comme sources littéraires, un roman : *les Amours d'Aristandre et de Cléonice* (1624), d'Audiguier; une pièce de théâtre : *Arbiran*, d'Ouville; et une nouvelle : *les Hypocrites* (dans les *Nouvelles tragi-comiques*), de Scarron (1655), que l'on rapproche de la scène VI de l'acte III. Enfin la dévote hypocrite dépeinte par Mathurin Régnier dans sa *Satire XIII*, Macette, a pu aussi inspirer certains traits de Tartuffe. Molière a-t-il eu connaissance de certains de ces ouvrages? S'en est-il inspiré? C'est possible; on peut, à ce propos, signaler que le héros de Scarron était un certain Montufar, dont le nom n'est pas sans analogie avec celui de Tartuffe. Mais aucune de ces sources possibles n'a suffisamment d'importance pour justifier une comparaison suivie : Molière a ici presque tout inventé.

## L'ACTION DANS « LE TARTUFFE »

*Le Tartuffe*, que l'on s'accorde généralement à compter parmi les chefs-d'œuvre de Molière, n'a pourtant pas manqué d'être critiqué. L'action, dit-on, languit jusqu'au troisième acte, où apparaît enfin le personnage principal. Le premier acte, en effet, ne fait qu'exposer la situation; il ne s'y passe encore rien; seule, l'inquiétude naît, à la dernière scène, des réponses évasives d'Orgon à son beau-frère. Le deuxième acte est parfaitement vide : quatre scènes, dont une longue et inutile scène de dépit amoureux, tournent autour du projet insensé d'Orgon d'unir Mariane à Tartuffe. On a mis ces défauts au compte des remaniements successifs que Molière a fait subir à sa pièce : se fondant sur le fait que le premier *Tartuffe* ne comportait que trois actes, certains critiques en ont déduit que, pour atteindre aux cinq actes de la « grande comédie », Molière a dû ajouter le personnage de Cléante, étirer l'exposition et dispenser parcimonieusement les incidents au deuxième acte pour ne pas affaiblir les actes suivants. Cette hypothèse n'a rien d'invraisemblable, encore qu'elle soit gratuite, puisque nous ignorons totalement le premier état de la pièce. L'on a reproché aussi, dès le XVIIe siècle, l'invraisemblance du dénouement, qui fait intervenir l'histoire de la cassette, mal rattachée à l'ensemble de l'intrigue; de fait, cet épisode est contradictoire avec l'attitude d'Orgon pendant la Fronde : comment en effet accorder son loyalisme avec ce recel et cette complicité avec un ennemi du roi? De plus, le rôle de l'exempt sent le procédé : d'un coup le souverain aurait à la fois reconnu en Tartuffe un dangereux individu, retrouvé le souvenir de la conduite d'Orgon pendant la Fronde et conçu cette heureuse intervention *in extremis*. Cependant, il est possible d'apporter quelques réponses à ces objections.

Montrer un épisode décisif de la carrière de Tartuffe et les conséquences de sa présence dans une famille bourgeoise, tel est le dessein général de l'œuvre. Orgon, ayant assuré sa fortune matérielle, s'est inquiété de son avenir spirituel. Tartuffe, par sa direction méticuleuse, évite à son hôte toute inquiétude; celui-ci se remet entièrement à ses leçons pour son salut. D'autre part, l'autorité d'Orgon chez lui ne semble jamais avoir été bien grande : Tartuffe la garantit et la protège; en défendant celui-ci, Orgon prétend défendre la religion et par là met ses contradicteurs en posture fâcheuse. Quant à l'hypocrite lui-même, son amour pour Elmire n'a rien d'une nécessité dramatique. Mais, pour l'histoire du personnage, c'est l'incident qui causera, en une seule journée, la ruine d'une carrière déjà longue et jusqu'alors réussie. *Le Tartuffe* est l'histoire de la chute de l'imposteur. Dans cette perspective, les deux premiers actes prennent un plus grand intérêt. Le premier acte cherche à faire prendre au spectateur position contre Tartuffe : M$^{me}$ Pernelle le porte au pinacle devant un groupe de personnages sympathiques qui lui sont hostiles; l'admiration hébétée d'Orgon, combattue en vain par Cléante, nous confirme dans notre position. Le deuxième acte révèle un danger immédiat; le révoltant projet d'Orgon de donner Mariane à Tartuffe, tout en amenant l'intrigue dans les voies traditionnelles (un mariage contrarié par la volonté des parents), suscite une résistance accrue : Orgon se heurte au ferme bon sens de Dorine; avec elle, nous nous irritons de la résignation de Mariane, capable d'amener les pires conséquences; mais ces chocs successifs sur la sensibilité de la jeune fille se traduisent dans son attitude vis-à-vis de Valère, lui aussi trop inquiet pour conserver un sang-froid absolu : la scène du dépit amoureux prend donc un autre sens.

L'entrée tardive de Tartuffe prend alors toute sa valeur dramatique : on a attendu pendant deux actes le personnage qui soulève tant de querelles; dès qu'il apparaît (acte III, scène II), on comprend au premier coup d'œil à qui on a affaire, mais on sait aussi qu'un piège est tendu contre lui; dès la scène suivante (acte III, scène IV), le mécanisme du complot ourdi contre l'hypocrite commence à se développer; dès lors, l'action se trouve liée par un enchaînement solide. On passe par des moments d'inquiétude ou d'espoir selon que Tartuffe ou ses adversaires semblent l'emporter. Si l'épisode de la cassette, au début de l'acte V, est peu vraisemblable en lui-même, du moins crée-t-il un nouveau rebondissement, qui mène Tartuffe tout près de la victoire, alors qu'il semblait perdu. Quant au dénouement, il est moins miraculeux que les dénouements par reconnaissance de *l'École des femmes* ou de *l'Avare*. Sans doute Molière profite de cette scène pour prodiguer à Louis XIV les marques de sa gratitude. Mais, pour le spectateur moderne, ce « roi » prend une valeur symbolique : Tartuffe, qui se croit toujours plus fort que tout le monde, veut jouer au plus fin avec la police elle-même en dénonçant Orgon; mais l'escroc, déjà recherché pour ses méfaits antérieurs, est reconnu et arrêté. Quant à Orgon, il peut bien être amnistié pour avoir eu, plus de dix ans auparavant, quelque sympathie pour un frondeur.

## LES CARACTÈRES DANS « LE TARTUFFE »

Dorine esquisse rapidement un portrait physique de **Tartuffe** : « Gros et gras, le teint frais et la bouche vermeille » (v. 234). En juxtaposant cette indication et le premier vers que le personnage prononce en entrant en scène : « Laurent, serrez ma haire avec ma discipline » (v. 853), l'on met en évidence la contradiction essentielle de son caractère. Cette opposition fondamentale entre les instincts profonds de Tartuffe et son attitude apparente était sans doute nécessaire; il faut bien qu'il se trahisse de quelque façon pour que le spectateur sache qu'il a devant lui un hypocrite. Molière a su, avec une géniale habileté, se soumettre à la nécessité du grossissement dramatique, tout en maintenant à son personnage sa vérité humaine. En effet, la sensualité de Tartuffe se révèle aussi bien dans son attitude à l'égard d'Elmire, au début de la scène III de l'acte III, que dans sa gourmandise. Est-il conscient après coup des erreurs de tactique auxquelles l'entraîne ainsi son tempérament? Peut-être; mais cet ambitieux rusé et tenace n'abandonne pas la partie : il se sait intelligent, se croit plus fort que tout le monde, et la facilité avec laquelle il manœuvre Orgon n'a fait qu'accroître son assurance. Celui-ci est l'éternelle dupe de ses simagrées. Mais lorsque Tartuffe exprime à Elmire en termes mystiques un amour tout humain (acte III, scène III), lorsqu'il recourt à la casuistique (acte IV, scène V) pour venir à bout des derniers scrupules d'Elmire, on peut se demander s'il se contente de jouer, non sans dilettantisme, son rôle de séducteur tout en conservant son masque de dévot; on a l'impression que, poussé par un désir irrésistible vers Elmire, il reste réellement prisonnier du langage et de l'attitude auxquels il a soumis son personnage; son masque lui est-il devenu si familier qu'il finit lui-même par en être dupe? Une telle interprétation dépasse peut-être l'intention de Molière; du moins prouve-t-elle la richesse et la complexité d'un caractère auquel chaque époque trouve son actualité. Escroc de profession, habile à exploiter la piété de ses dupes pour se ménager une existence confortable, Tartuffe dépasse aussi par sa signification la réalité sociale que lui avait donnée Molière; on peut y voir un raté qui prend sa revanche sur une société où il n'a pas su se faire une place. Il est plus généralement le modèle de tous ceux qui dissimulent, sous des allures moralisatrices, la gloutonnerie cynique de leurs appétits.

**Orgon** a un passé que Molière esquisse : il fut un « homme sage »; « il montra du courage ». S'il conserva la cassette d'Argas, c'est qu'il estimait probablement les devoirs de l'amitié comme supérieurs à ceux de l'obéissance aux lois. Or le personnage est devenu tout autre depuis qu'il a rencontré Tartuffe. Il est absolument fanatisé : il ne peut se contrôler lorsque Tartuffe est en jeu. Il est capable des pires cruautés : envers Mariane, pour honorer Tartuffe, envers Damis, pour se venger. Cléante, Dorine, quiconque ose critiquer le « dévot personnage » le met dans des colères aveugles. Elmire a bien de la peine à triompher de son incrédulité parce qu'ici encore Tartuffe est mis en cause. Cette sorte de folie à caractère obsessionnel donne l'impulsion à tous ses excès : entêtement borné, sottise naïve, assurance imperturbable pour nier les évidences les plus claires. Sans doute portait-il le germe de toutes ces outrances dans son caractère, mais son obsession de la dévotion, fixée par Tartuffe, a mis au jour ces mouvements d'un tempérament impulsif et leur a donné libre cours. A l'acte V, enfin désabusé, incapable d'agir, il se sent dépassé par ce qui arrive. Dérisoire et parfois odieux, Orgon prend place parmi les pères de comédie, dont la faiblesse de caractère est aussi dangereuse pour leur entourage que le pire des vices.

A ces deux personnages, Molière a opposé **Elmire** et **Cléante**. Frère et sœur, ils ont bien des points communs. Tout d'abord, un même équilibre général. Leur sagesse discrète les porte à condamner la pruderie sauvage (v. 1330-1336) et la dévotion tapageuse (v. 323-345). Leur premier soin est de vivre « innocemment », comme le dit Cléante. Leur bonté se marque dans la constance avec laquelle Elmire prend la défense de Damis et de Mariane et dans les sages décisions que propose Cléante à point nommé. L'un et l'autre sont probablement plus portés à faire le bien qu'à juger les actions d'autrui. Elmire, en outre, apprécie le calme d'un foyer dont Tartuffe menace l'harmonie. C'est, d'autre part, une femme du monde accomplie : pleine de tact et d'adresse, sûre d'elle-même et confiante dans son innocence, elle peut se permettre une épreuve aussi périlleuse que le second entretien avec Tartuffe. Elle sait aussi user d'une douce fermeté avec Orgon (acte IV, scène III) et Damis (acte III, scène IV).

**Damis** et **Mariane** sont bien les enfants d'Orgon. Damis, franc mais encore bien naïf, se laisse guider par la révolte généreuse que suscite en lui la présence de Tartuffe. Il est emporté comme son père, souvent maladroit et batailleur. A Mariane, le qualificatif de *doucette* (v. 22) ne convient qu'en apparence. Si elle est soumise, elle n'est pas exempte, elle non plus, d'entêtement. Elle se met en colère contre Valère (acte II, scène IV). Cependant, il y a en elle une sensibilité et un charme que le peu d'importance de son rôle ne doit pas faire négliger. Son désespoir est touchant, même si nous désirions lui voir plus de fermeté.

**Valère** est un jeune homme amoureux qui s'harmonise bien avec Mariane. Il se montre généreux et désintéressé, profondément attaché déjà à la famille d'Orgon (acte V, scène VI).

**M^me Pernelle**, « c'est une vieille dame, insupportable, têtue, rageuse, de bonne bourgeoisie française. Elle a vu Henri IV, le grand Cardinal, les Frondes, François de Sales. On ne lui en conte point. Elle a savouré le supplice de Ravaillac; « elle est dure à moudre » écrivait Robert Kemp. Elle a gardé l'austérité rigide d'un passé qu'elle vénère; mais elle en conserve aussi un langage à la fois pittoresque et très vert. Enfin peut-être se sent-elle un peu dépassée, sinon rabaissée par l'aisance, le caractère mondain d'Elmire et de Cléante, dont le milieu social est nettement supérieur au sien et à celui de son fils.

**Dorine** est une servante pleine de bon sens et dévouée à ses maîtres; elle aide activement les jeunes amoureux en détresse. Ce rôle prend toutefois ici un relief particulier. Non seulement Molière a, comme ailleurs, « actualisé » ce personnage de la domestique au franc-parler, ce qui peut paraître naturel dans un milieu bourgeois où les serviteurs font un peu partie de la famille, mais il a confié à Dorine une tâche bien délicate : lutter contre un adversaire particulièrement subtil. Or la finesse de Dorine (v. 84, 836-837) a découvert le point faible de Tartuffe; c'est elle qui sera l'animatrice du complot contre l'escroc (voir l'importance de son rôle à l'acte II). D'autre part, son bon sens paysan trouve, en face d'Orgon (v. 552) aussi bien que de Tartuffe (v. 863-868), la réplique qui cloue son interlocuteur.

**M. Loyal** est un personnage inquiétant; fuyant, passant de la flatterie doucereuse à la menace cynique, il paraît prendre à exercer ses fonctions d'huissier une délectation perverse. Sa présence révèle (comme le laissait déjà supposer l'existence de Laurent, « garçon » de Tartuffe) qu'il existe, dans tous les rangs de la société, un réseau de « Tartuffes », toujours prêts à se soutenir mutuellement contre les honnêtes gens.

## LE COMIQUE

Rit-on au *Tartuffe*? Nul doute qu'en 1669 la réponse fut positive. Aucun commentaire ne fait acte d'une interprétation divergente. On rencontre dans *le Tartuffe* des éléments comiques allant du sourire à la farce. On peut rattacher à celle-ci quelques détails : soufflets donnés à Flipote et promis à Dorine, coups de bâton dont Orgon menace Damis. Le rôle de M^me Pernelle, joué à l'origine par un homme, appartient lui aussi à la farce. Les situations peuvent déclencher le rire : au niveau de la farce lorsque M^me Pernelle interrompt chacun pour lui dire son fait (acte I, scène I), ou quand Dorine coupe systématiquement la parole à son maître (acte II, scène II). Toute la scène VI de l'acte III, où Orgon se tourne alternativement vers Damis pour le couvrir d'injures et vers Tartuffe pour lui témoigner sa sollicitude, est animée d'un mouvement comique que Molière utilisera dans d'autres comédies.

Quant à la scène V de l'acte IV (Orgon caché sous la table), elle est aussi fondée sur le comique de situation, mais est-ce un comique sans mélange? Le spectateur complice d'Elmire est satisfait de voir le trompeur trompé, mais a-t-il tellement envie de rire? La réponse à cette question dépend de l'idée qu'on se fait de Tartuffe. Molière a certainement voulu faire de l'imposteur un personnage ridicule : le contraste entre son tempérament sensuel et la dévotion éthérée dont il fait étalage est en lui-même la source d'un effet comique; il y a là le même genre de contradiction que dans Harpagon, avare et amoureux, ou dans Alceste, dégoûté de l'humanité et passionnément attaché à Célimène. Mais Tartuffe est tellement odieux que sa conduite risque d'inspirer beaucoup plus l'inquiétude que le rire. De là à conclure que *le Tartuffe* n'est pas une pièce comique, il n'y a qu'un pas. Surtout à partir du XIX° siècle, on a tendance à soutenir que les effets comiques ne sont que des moyens superficiels de masquer la tragédie, qu'un miracle (l'intervention royale) arrête au bord de la catastrophe. Certes, la fourberie de Tartuffe risque de coûter fort cher à Orgon; mais, précisément, la principale victime de Tartuffe ne mérite que la moquerie et parfois le mépris : à aucun moment, en aucune situation, Orgon ne se rachète aux yeux du spectateur. Mais, dira-t-on, on plaint la femme et les enfants d'Orgon. Si sympathiques que soient ces personnages, Molière n'a pas suffisamment marqué leurs caractères pour qu'on puisse s'attacher profondément à eux : sans doute on plaint Elmire, si fine, si discrète d'être obligée de jouer un jeu pénible pour démasquer Tartuffe, mais on n'a aucune crainte pour elle dans les deux grandes scènes où elle affronte Tartuffe (acte III, scène III et acte IV, scène V) puisque, dans les deux cas, c'est elle qui tend un piège à l'hypocrite.

Le *Tartuffe* reste donc bien une comédie. Les personnages qui, par le grossissement même de l'optique théâtrale, restent, après la représentation, les plus vivants dans le souvenir du spectateur, sont Tartuffe, Orgon et probablement Dorine, c'est-à-dire ceux qui l'ont fait rire. Que cette comédie mette en question de graves problèmes de conscience, relatifs aux rapports de la pratique religieuse avec la vie sociale, c'est non moins évident. Avec *l'Ecole des femmes* et *Dom Juan*, le *Tartuffe* forme une sorte de trilogie, où Molière affronte certains préjugés avec une hardiesse qu'on ne retrouvera plus dans les pièces suivantes.

# LEXIQUE

*Le langage de la dévotion tient une grande place dans le Tartuffe; l'habileté avec laquelle l'imposteur en use est une des causes de sa réussite. Ce lexique est destiné à rapprocher le vocabulaire de la religion tel qu'il est employé dans la pièce et tel qu'on le trouve, avec son sens authentique, dans les écrits spirituels de l'époque classique. A la suite de chaque terme, nous avons indiqué les vers du Tartuffe où le mot se retrouve, marqué d'un astérisque (\*). Le vocabulaire est groupé par thèmes.*

## I. Dieu.

L'auteur de la nature (942); au nom de Dieu (1112); ciel (81, 119, 147, 286, 299, 324, 423, 516, 529, 854, 879, 901, 931, 936, 1023, 1044, 1079, 1142, 1182, 1224, 1227, 1230, 1232, 1259, 1279, 1284, 1333, 1481, 1484, 1487, 1563, 1733, 1809, 1857, 1868, 1870); la gloire du ciel (1248); l'intérêt du ciel (78, 376, 402, 1207, 1219); offenser le ciel (1480); les chemins du ciel (53, 370); salut (149, 912, 948); se sauver (1820); conscience (1490, 1585, 1591).

◆ « Laissons aux dons de l'**auteur de la nature** tout leur prix et tout leur usage » (Massillon, *Oraison funèbre Conti*). ◆ « Dites [à Dieu] avec la même humilité que l'enfant prodigue : Mon père, j'ai péché contre le **ciel** et contre vous » (Fénelon, *Manuel de piété*). ◆ « C'est une erreur intolérable qui a préoccupé les esprits, qu'on ne peut être dévot dans le monde; ceux qui se plaignent sans cesse que l'on n'y peut pas faire son **salut** démentent Jésus-Christ et son Evangile » (Bossuet, *Panégyrique de saint François de Sales*). ◆ « En **sauvant** le prochain, **vous vous sauverez** vous-mêmes » (Bourdaloue, *Sermon*, 4ᵉ dimanche après Pâques). ◆ « On se fait aisément de fausses **consciences**; on étouffe tous les remords du péché » (Bourdaloue, *Pensées*).

## 2. Le ciel et la terre.

Choses éternelles (490, 933); choses sacrées (322, 364); saint (69, 364, 496, 1141); âme (253, 277, 861, 880); détachement (277); choses temporelles (489, 934); choses de la terre (929); ici-bas (932); créature (941); éclat trompeur (1240); le prochain (1248, 1817); le bien (1724).

◆ « Seules les vérités **éternelles** sont capables de remplir notre cœur » (saint Vincent de Paul, *Abelly*, III, 9). ◆ « Les pratiques extérieures de la piété dans les **saintes** observances de l'Eglise, et la fréquentation des **saints** sacrements... » (Bossuet, *Oraison funèbre Marie-Thérèse*). ◆ « Oh, si l'**âme** chrétienne et ses plus saints transports | N'étaient point asservis aux faiblesses du corps » (Corneille, *Imitation*, I, 25). ◆ « A l'égard du **détachement** de cœur de toutes les choses de la terre... » (Massillon, *Profess. relig.*, III). ◆ « Les afflictions **temporelles** couvrent les biens éternels où elles conduisent les joies **temporelles** couvrent les maux éternels qu'elles causent » (Pascal, *Lettre à M<sup>lle</sup> Roannez*). ◆ « Marie est dans cette **terre** d'exil notre consolation » (Bourdaloue, *Dévotion à la Vierge*). ◆ « Quoique tu sois le seul qu'**ici-bas** je redoute | C'est toi seul qu'**ici-bas** je souhaite d'ouïr » (Corneille, *Imitation*, III, 2). ◆ « Qu'est-ce que la vie [des mondains] ? [...] un assujettissement servile à la **créature**, c'est-à-dire au caprice, à la vanité, à la légèreté, à l'infidélité même » (Bourdaloue, *Carême. Sur la paix chrétienne*). ◆ « Le plaisir, de lui-même, est un **trompeur**, et, quand l'âme s'y abandonne sans raison, il ne manque jamais de l'égarer » (Bossuet, *Traité de la connaissance de soi*, III, 8). ◆ « Chacun juge de son **prochain** avec liberté » (Fléchier *Oraison funèbre duchesse de Montausier*).

### 3. Le sentiment religieux.

Ardeur (286, 369, 533, 945); ardent (123); élans (368); élancements (287); ferveur (358, 913, 1601); foi (322, 1451); instance (889); zèle (305, 358, 360, 373, 401, 406, 891, 910, 914, 1214, 1257, 1612, 1626, 1645, 1690, 1777, 1888, 1914); transporté (941); dévotion (986).

◆ « Dieu le tient comme par la main droite, et [...] vous le verrez [...] toute sa vie en paix et tranquillité, en **ardeur** et tendance continuelle vers Dieu » (saint Vincent de Paul, *Aux missionnaires*, XI, 46-47). ◆ « Cette continuité [de l'oraison] consistait dans divers actes et dans de continuels **élans** de leur dévotion » (Bossuet, *États d'oraison*, VI, 40). ◆ « L'amour est circonspect, il est juste, humble et sage | Il ne sait ce que c'est qu'être mal ni volage; | Et des biens passagers les vains amusements | N'interrompent jamais ses doux **élancements** » (Corneille, *Imitation*, III, 5). ◆ « Pendant l'oraison ordinaire, du début jusqu'à la fin inclusivement, assistance de grâce très intérieure et suave et pleine de **ferveur ardente** et très douce » (saint Ignace de Loyola, *Journal spirituel*, 24 févr. 1544). ◆ « Une **foi** vive est le fondement de la stabilité que nous admirons (Bossuet, *Oraison funèbre Marie-Thérèse*). ◆ « On ne sait pas faire **instance** pour obtenir la délivrance des passions » (Massillon, *Carême. Prière*). ◆ « Si l'amour de Dieu est un feu, le **zèle** en est la flamme » (saint Vincent de Paul, XII, 307-308).

### 4. Piété et charité.

Aumônes (856); intentions (1492); pieux (68, 153, 1267, 1816); charitable (1214, 1683, 1877); charité (138, 894, 1819); grâce (888, 905); pardon, pardonner (1193, 1222, 1229); prières (887, 977); offrande (954); reprendre (301).

◆ « C'est en effet la vraie grâce de l'**aumône**, en soulageant des pauvres, de diminuer en nous d'autres besoins » (Bossuet, *Oraison funèbre Anne de Gonzague*). ◆ « L'**intention**, c'est le regard de l'âme » (Bossuet, *Méditations sur l'Évangile. Sermon sur la montagne*, 29<sup>e</sup> jour). ◆ « La **piété** n'est pas l'ouvrage humain du goût et du caprice; c'est le fruit divin de l'ordre et de la règle » (Massillon, *Conférence. Zèle des ministres*). ◆ « La **charité** est la plus parfaite des vertus théologales » (Saint-Cyran). ◆ « La **grâce** est particulièrement accordée à la prière » (Pascal, *Lettre à M<sup>me</sup> Périer*). ◆ « Elle lui **pardonna** son crime, le livrant pour tout supplice à sa conscience » (Bossuet, *Oraison funèbre reine d'Angleterre*). ◆ « Le chrétien est un homme de **prière** : son origine, sa situation, sa nature, ses besoins, sa demeure, tout l'avertit qu'il faut **prier** » (Massillon, *Carême. Prière*). ◆ « [Les filles de la Charité] auront [...] pour profession la confiance continuelle dans la Providence, l'**offrande** de tout ce qu'elles sont » (saint Vincent de Paul, X, 661).

## 5. L'humilité chrétienne.

Doux, douceur (283, 1089, 1725, 1735, 1760, 1778); humble (882); humblement (288); faire pitié (296); ne mériter pas (1459); infirmité (956); humaine faiblesse (1009, 1293); esclave indigne (982); mon néant (984); repentir (1563).

◆ « Préférant les saintes **douceurs** de la solitude et les communications ineffables avec son Dieu à la conduite des tribus » (Massillon, *Carême. Responsabilité humaine*). « Madame fut **douce** envers la mort, comme elle l'était envers tout le monde » (Bossuet, *Oraison funèbre duchesse d'Orléans*). ◆ « Sans une solide **humilité**, il n'est pas possible de conserver une foi bien pure » (Bourdaloue, *Instruction. Humilité de la foi*). ◆ « On doit avoir **pitié** les uns des autres; mais on doit avoir pour les uns une **pitié** qui naît de la tendresse, et, pour les autres, une **pitié** qui naît du mépris » (Pascal, *Pensées*, III, 211). ◆ « Il est permis de chercher un secours à l'**infirmité** de la chair » (Fénelon, t. XVII). ◆ « L'âme ne doit plus se regarder elle-même, ni s'arrêter à la disproportion qu'elle trouve entre sa **faiblesse** et les difficultés de la voie où Dieu l'appelle » (Massillon, *Profession relig.*). ◆ « Mon **indignité** peut et doit être en moi le fonds d'une plus grande humilité » (Bourdaloue, *Assomption de la Sainte Vierge*). ◆ « L'humilité ne voit que son propre **néant** » (Massillon, *Prière*).

## 6. L'ascétisme.

Austère (1618); austérités (1299); haire, discipline (853); jeûnes, larmes (977); mériter (1304, 1463); mortifier (1080, 1166, 1305); prêcher la retraite (372); sacrifier à Dieu (1201).

◆ « Il redoubla lui-même ses **austérités** pour fléchir le courroux céleste » (Fléchier, *Panégyrique*). ◆ « [Dans les observances de l'Eglise] les **jeûnes** [...] sont mêlés dans les temps convenables, afin que l'âme, toujours sujette aux tentations et aux péchés, s'affermisse et se purifie par la pénitence » (Bossuet, *Oraison funèbre Marie-Thérèse*). ◆ « Pour nous à qui Dieu par sa grâce a révélé ses vérités, nous avons lu dans ses Ecritures qu'il y a un temps de **pleurer** et une mesure des **larmes** » (Fléchier, *Oraison funèbre Lamoignon*). ◆ « Ce ne sont ni les austérités du corps, ni les agitations de l'esprit, mais les bons mouvements du cœur qui **méritent** » (Pascal, *Lettre à M^{lle} Roannez*). ◆ « Un chrétien n'est jamais vivant sur la terre, parce qu'il y est toujours **mortifié**, et que la **mortification** est un essai, un apprentissage, un commencement de la mort » (Bossuet, *Oraison funèbre Marie-Thérèse*). ◆ « L'éducation chrétienne est une éducation de **retraite**, de pudeur, de modestie, de haine du monde » (Massillon, *Carême. Petit nombre des élus*). ◆ « Ceux dont elle a présenté les vœux ou les plaintes offrent pour elle de tous côtés les **sacrifices** de leurs larmes ou de leurs prières » (Fléchier, *Oraison funèbre M^{me} de Montausier*).

## 7. La félicité.

Bénignité (1007); bénin (981, 1477); bénir (881); face (939); ineffable (975); béatitude (958, 1442); félicité (928, 1444); quiétude (957); paix profonde (273); suavité (1440); suave (985).

◆ « O seigneur, vous qui donnez aux juges ces regards **bénins**, ces oreilles attentives et ce cœur toujours ouvert à la vérité » (Bossuet, *Oraison funèbre*

*Le Tellier*). ◆ « [Louis XIV] veut être, avec David, l'homme selon le cœur de Dieu; c'est pourquoi Dieu le **bénit** » (Bossuet, *Oraison funèbre Marie-Thérèse*). ◆ « Le sang de toutes parts ruisselle sur sa **face** céleste [à propos de Jésus-Christ] » (Massillon, *Carême. Passion*). ◆ « Accoutumé dès son origine à des mystères incompréhensibles et à des marques **ineffables** de l'amour divin » (Bossuet, *Histoire des variations*, II, I). ◆ « Il n'est pas permis de croire que, pour être un don créé, la **béatitude** formelle, c'est-à-dire la jouissance de Dieu, puisse être désirée naturellement, parce que ce don créé est surnaturel... » (Bossuet, *Relation sur le quiétisme*, VII, 9). ◆ « Mais si, dans l'enchaînement des pensées qu'elle déroule, l'âme aboutit à une chose mauvaise [...] qui la trouble, lui ôtant la paix, tranquillité et **quiétude** qu'elle avait auparavant, c'est un clair signal que le point de départ est l'esprit mauvais... » (saint Ignace de Loyola, *Exercices spirituels*, 5ᵉ règle). ◆ « Les pécheurs éloignés du séjour de **paix** et de tranquillité immuables... » (Bossuet, *Sermon. Haine pour la vérité*). ◆ « Dieu veut prendre le cœur par **suavité** » (Bossuet, *Correspondance*).

## 8. L'esprit du mal et le péché.

Enfer (1535); malin esprit (152); noir esprit (946); les parures du diable (210); la chair (864); crimes et ordures (1078); coupables pensées (862); esprit fourvoyé (148); libertin (320, 524, 1621); libertinage (314); offense (1193, 1222, 1505, 1517); péché (77, 306, 400, 581); pécher (1506); pécheur (399, 1075); perdu (1102); sacrilège (362); scandale, scandaliser (307, 1000, 1198, 1210, 1231, 1505, 1784); souillures (1077); tentations (863, 1545); tribulations (982).

◆ « L'**enfer** est le centre des damnés comme les ténèbres sont le centre de ceux qui fuient le jour » (Nicole, *Essai moral*, 2ᵉ traité, X). ◆ « Ceux qui sont possédés du **malin esprit** » (Bossuet, *Nouveaux Mystères*, XVII). ◆ « Vous nous demandez continuellement si user d'un tel artifice de **parure** est un crime... » (Massillon, *Carême. Pécheresse*). ◆ « Quand saint Paul dit que la **chair** convoite contre l'esprit, et l'esprit contre la **chair**, il entend que la partie intelligente combat la partie sensitive; que l'esprit, capable de s'unir à Dieu, est combattu par le plaisir sensible attaché aux dispositions corporelles » (Bossuet, *Traité de la connaissance de soi*, V, 13). ◆ « Que le cœur de l'homme est creux et plein d'**ordure** » (Pascal, *Pensées*, IV, I). ◆ « Rien, pour l'ordinaire, de plus ignorant en matière de religion que ce qu'on appelle les **libertins** du siècle » (Bourdaloue, *Jugement dernier*, Iᵉʳ Avent). « Un des prétextes du **libertinage** est de prétendre que l'on ne croit point, que l'on n'a point de foi » (Bourdaloue, *Sermon*, 3ᵉ dimanche après l'Epiphanie). ◆ « Tout péché contre la charité du prochain est une **offense** de Dieu, et toute **offense** de Dieu blesse la gloire de Dieu » (Bourdaloue, 2ᵉ dimanche après Pâques). ◆ « La raison pour laquelle les **péchés** sont **péchés**, c'est seulement parce qu'ils sont contraires à la volonté de Dieu » (Pascal, *Lettre à Mˡˡᵉ Roannez*). ◆ « Ceux qui sont instruits des affaires étant obligés d'avouer que le roi n'avait point donné d'ouverture ni de prétexte aux excès **sacrilèges** dont nous abhorrons la mémoire » (Bossuet, *Oraison funèbre reine d'Angleterre*). ◆ « Malheur au monde à cause des **scandales**; car il est nécessaire qu'il arrive des **scandales**; mais malheur à l'homme par qui le **scandale** arrive » (Bible. Matth., XVIII, 7, trad. de Sacy). ◆ « Le sang de Jésus-Christ est plus puissant pour laver nos **souillures**, que notre corruption ne saurait l'être pour en contracter » (Massillon, *Carême. Lazare*). ◆ « Les **tentations** qui arrivent [aux personnes humbles] ne servent qu'à les affermir davantage dans l'humilité et à les faire recourir à Dieu et à les rendre ainsi victorieuses du diable » (saint Vincent de Paul, XI, 55-56).

« Homme de qualité à l'église. » (Estampe anonyme.)

Le président Guillaume de Lamoignon.

# PRÉFACE

Voici une comédie dont on a fait beaucoup de bruit, qui a été longtemps persécutée; et les gens qu'elle joue ont bien fait voir qu'ils étaient plus puissants en France que tous ceux que j'ai joués jusqu'ici. Les marquis, les précieuses, les cocus et les médecins ont souffert doucement qu'on les ait représentés, et ils ont fait semblant de se divertir, avec tout le monde, des peintures que l'on a faites d'eux; mais les hypocrites n'ont point entendu raillerie; ils se sont effarouchés d'abord et ont trouvé étrange que j'eusse la hardiesse de jouer leurs grimaces, et de vouloir décrier un métier dont tant d'honnêtes gens[1] se mêlent. C'est un crime qu'ils ne sauraient me pardonner; et ils se sont tous armés contre ma comédie avec une fureur épouvantable. Ils n'ont eu garde de l'attaquer par le côté qui les a blessés : ils sont trop politiques pour cela et savent trop bien vivre pour découvrir le fond de leur âme. Suivant leur louable coutume, ils ont couvert leurs intérêts de la cause de Dieu; et *le Tartuffe*, dans leur bouche, est une pièce qui offense la piété. Elle est, d'un bout à l'autre, pleine d'abominations, et l'on n'y trouve rien qui ne mérite le feu. Toutes les syllabes en sont impies; les gestes même y sont criminels; et le moindre coup d'œil, le moindre branlement de tête, le moindre pas à droite ou à gauche, y cache des mystères qu'ils trouvent moyen d'expliquer à mon désavantage.

J'ai eu beau la soumettre aux lumières de mes amis, et à la censure de tout le monde : les corrections que j'y ai pu faire, le jugement du roi et de la reine[2], qui l'ont vue, l'approbation des grands princes et de messieurs les ministres, qui l'ont honorée publiquement de leur présence, le témoignage des gens de bien qui l'ont trouvée profitable, tout cela n'a de rien servi. Ils n'en veulent point démordre; et, tous les jours encore, ils font crier en public des zélés indiscrets[3], qui me disent des injures pieusement et me damnent par charité.

Je me soucierais fort peu de tout ce qu'ils peuvent dire, n'était l'artifice[4] qu'ils ont de me faire des ennemis que je respecte, et de jeter dans leur parti de véritables gens de bien, dont ils préviennent[5] la bonne foi, et qui, par la chaleur qu'ils ont pour les intérêts du ciel, sont faciles[6] à recevoir les impressions qu'on veut leur donner.

---

1. *Honnêtes gens :* gens du monde. Le mot est peut-être ironique, mais il y avait, en effet, des personnes de haut rang dans la « cabale »; 2. Le 12 mai 1664, devant le roi, la reine et toute la Cour, Molière présenta, après *les Plaisirs de l'Ile enchantée*, les trois premiers actes du *Tartuffe*. De 1664 à 1669, Molière donna de nombreuses représentations privées : le 25 septembre 1664, chez Monsieur, à Villers-Cotterêts; le 29 novembre 1664, chez Condé, au Raincy; chez Madame, chez la princesse Palatine; et vers le même moment chez Habert de Montmort, devant Ménage, Chapelain et Marolles; 3. *Indiscret :* qui n'a aucune retenue; 4. *Artifice :* habileté (ici en mauvaise part); 5. *Prévenir :* donner des idées; 6. *Etre facile à recevoir :* recevoir facilement.

Voilà ce qui m'oblige à me défendre. C'est aux vrais dévots que je veux partout me justifier sur la conduite de ma comédie; et je les conjure, de tout mon cœur, de ne point condamner les choses avant que de les voir, de se défaire de toute prévention et ne point servir la passion de ceux dont les grimaces les déshonorent.

Si l'on prend la peine d'examiner de bonne foi ma comédie, on verra, sans doute, que mes intentions y sont partout innocentes, et qu'elle ne tend nullement à jouer les choses que l'on doit révérer; que je l'ai traitée avec toutes les précautions que me demandait la délicatesse de la matière; et que j'ai mis tout l'art et tous les soins qu'il m'a été possible pour bien distinguer le personnage de l'hypocrite d'avec celui du vrai dévot. J'ai employé pour cela deux actes entiers à préparer la venue de mon scélérat. Il ne tient pas un seul moment l'auditeur en balance; on le connaît d'abord[1] aux marques que je lui donne; et, d'un bout à l'autre, il ne dit pas un mot, il ne fait pas une action, qui ne peigne aux spectateurs le caractère d'un méchant homme et ne fasse éclater celui du véritable homme de bien que je lui oppose.

Je sais bien que, pour réponse, ces messieurs tâchent d'insinuer que ce n'est point au théâtre à parler de ces matières; mais je leur demande, avec leur permission, sur quoi ils fondent cette belle maxime. C'est une proposition qu'ils ne font que supposer, et qu'ils ne prouvent en aucune façon; et, sans doute, il ne serait pas difficile de leur faire voir que la comédie[2], chez les Anciens, a pris son origine de la religion et faisait partie de leurs mystères; que les Espagnols, nos voisins, ne célèbrent guère de fête où la comédie ne soit mêlée; et que, même parmi nous, elle doit sa naissance aux soins d'une confrérie[3] à qui appartient encore aujourd'hui l'Hôtel de Bourgogne; que c'est un lieu qui fut donné pour y représenter les plus importants mystères de notre foi; qu'on en voit encore des comédies imprimées en lettres gothiques, sous le nom d'un docteur de Sorbonne[4]; et, sans aller chercher si loin, que l'on a joué, de notre temps, des pièces saintes de M. de Corneille[5], qui ont été l'admiration de toute la France.

Si l'emploi de la comédie est de corriger les vices des hommes, je ne vois pas pour quelle raison il y en aura de privilégiés. Celui-ci est, dans l'État, d'une conséquence bien plus dangereuse que tous les autres; et nous avons vu que le théâtre a une grande vertu pour la correction. Les plus beaux traits d'une sérieuse morale sont moins puissants, le plus souvent, que ceux de la satire; et rien ne reprend mieux la plupart des hommes que la peinture de leurs défauts. C'est une grande atteinte aux vices que de les exposer à

---

1. On le reconnaît aussitôt; 2. *Comédie :* le théâtre; 3. *Confrérie :* la Confrérie de la Passion, fondée en 1402; elle avait fait construire l'hôtel de Bourgogne (1548), qu'elle louait aux comédiens français; elle fut dissoute en 1676; 4. Probablement maître Jean Michel, médecin souvent confondu avec un homonyme théologien, et auteur d'un *Mystère de la Résurrection ;* 5. *Polyeucte* (1640) et *Théodore* (1645)

la risée de tout le monde. On souffre aisément des répréhensions; mais on ne souffre point la raillerie. On veut bien être méchant; mais on ne veut point être ridicule.

On me reproche d'avoir mis des termes de piété dans la bouche de mon imposteur. Hé! pouvais-je m'en empêcher, pour bien représenter le caractère d'un hypocrite? Il suffit, ce me semble, que je fasse connaître les motifs criminels qui lui font dire les choses, et que j'en aie retranché les termes consacrés, dont on aurait eu peine à lui entendre faire un mauvais usage. — Mais il débite au quatrième acte une morale pernicieuse. — Mais cette morale est-elle quelque chose dont tout le monde n'eût les oreilles rebattues? Dit-elle rien de nouveau dans ma comédie? Et peut-on craindre que des choses si généralement détestées fassent quelque impression dans les esprits, que je les rende dangereuses en les faisant monter sur le théâtre, qu'elles reçoivent quelque autorité de la bouche d'un scélérat? Il n'y a nulle apparence à cela; et l'on doit approuver la comédie du *Tartuffe* ou condamner généralement toutes les comédies.

C'est à quoi l'on s'attache furieusement depuis un temps[1]; et jamais on ne s'était si fort déchaîné contre le théâtre. Je ne puis pas nier qu'il n'y ait eu des Pères de l'Église qui ont condamné la comédie; mais on ne peut pas me nier aussi qu'il n'y en ait eu quelques-uns qui l'ont traitée un peu plus doucement. Ainsi l'autorité, dont on prétend appuyer la censure, est détruite par ce partage; et toute la conséquence qu'on peut tirer de cette diversité d'opinions en des esprits éclairés des mêmes lumières, c'est qu'ils ont pris la comédie différemment, et que les uns l'ont considérée dans sa pureté, lorsque les autres l'ont regardée dans sa corruption et confondue avec tous ces vilains spectacles qu'on a eu raison de nommer des spectacles de turpitude[2].

Et, en effet, puisqu'on doit discourir des choses et non pas des mots, et que la plupart des contrariétés viennent de ne se pas entendre et d'envelopper dans un même mot des choses opposées, il ne faut qu'ôter le voile de l'équivoque et regarder ce qu'est la comédie en soi, pour voir si elle est condamnable. On connaîtra, sans doute, que, n'étant autre chose qu'un poème ingénieux, qui, par des leçons agréables, reprend les défauts des hommes, on ne saurait la censurer sans injustice; et, si nous voulons ouïr là-dessus le témoignage de l'antiquité, elle nous dira que ses plus célèbres philosophes ont donné des louanges à la comédie, eux qui faisaient profession d'une sagesse si austère, et qui criaient sans cesse après

---

1. La vieille querelle de l'immoralité du théâtre s'était rallumée avec *les Visionnaires*, de Nicole, en 1666, et le *Traité de la comédie*, du prince de Conti (fin de 1666); elle rebondira en 1694 avec les *Maximes et réflexions sur la comédie*, de Bossuet. Ces critiques s'appuyaient sur la tradition de l'Église. Corneille, dans la préface d'*Attila* (1668) avait déjà protesté contre ces attaques; 2. *Spectacles de turpitude* : expression employée par Corneille, dans la dédicace de *Théodore* et empruntée à saint Augustin.

les vices de leur siècle. Elle nous fera voir qu'Aristote a consacré des veilles au théâtre et s'est donné le soin de réduire en préceptes l'art de faire des comédies. Elle nous apprendra que de ses plus grands hommes, et des premiers en dignité, ont fait gloire d'en composer eux-mêmes; qu'il y en a eu d'autres qui n'ont pas dédaigné de réciter en public celles qu'ils avaient composées; que la Grèce a fait pour cet art éclater son estime par les prix glorieux et par les superbes théâtres dont elle a voulu l'honorer; et que, dans Rome enfin, ce même art a reçu aussi des honneurs extraordinaires : je ne dis pas dans Rome débauchée, et sous la licence des empereurs, mais dans Rome disciplinée, sous la sagesse des consuls, et dans le temps de la vigueur de la vertu romaine.

J'avoue qu'il y a eu des temps où la comédie s'est corrompue. Et qu'est-ce que dans le monde on ne corrompt point tous les jours? Il n'y a chose si innocente, où les hommes ne puissent porter du crime; point d'art si salutaire dont ils ne soient capables de renverser les intentions; rien de si bon en soi qu'ils ne puissent tourner à de mauvais usages. La médecine[1] est un art profitable, et chacun la révère comme une des plus excellentes choses que nous ayons; et cependant il y a eu des temps où elle s'est rendue odieuse, et souvent on en a fait un art d'empoisonner les hommes. La philosophie est un présent du ciel; elle nous a été donnée pour porter nos esprits à la connaissance d'un Dieu, par la contemplation des merveilles de la nature; et pourtant on n'ignore pas que souvent on l'a détournée de son emploi, et qu'on l'a occupée publiquement à soutenir l'impiété. Les choses même les plus saintes ne sont point à couvert de la corruption des hommes; et nous voyons des scélérats qui, tous les jours, abusent de la piété et la font servir méchamment aux crimes les plus grands. Mais on ne laisse pas pour cela de faire les distinctions qu'il est besoin de faire. On n'enveloppe point dans une fausse conséquence la bonté des choses que l'on corrompt avec la malice des corrupteurs. On sépare toujours le mauvais usage d'avec l'intention de l'art; et, comme on ne s'avise point de défendre la médecine, pour avoir été bannie de Rome, ni la philosophie, pour avoir été condamnée publiquement dans Athènes[2], on ne doit point aussi vouloir interdire la comédie, pour avoir été censurée en de certains temps. Cette censure a eu ses raisons, qui ne subsistent point ici. Elle s'est renfermée dans ce qu'elle a pu voir; et nous ne devons point la tirer des bornes qu'elle s'est données, l'étendre plus loin qu'il ne faut et lui faire embrasser l'innocent avec le coupable. La comédie qu'elle a eu dessein d'attaquer n'est point du tout la comédie que nous voulons défendre[3].

---

1. Tout ce passage reprend Quintilien (30-96) [*Institution oratoire*, II, XVI, 1 à 6], qui développe des arguments analogues pour la défense de l'éloquence; 2. Allusion probable au procès et à la condamnation de Socrate (399 av. J.-C.); 3. Rapprocher de la Dédicace de *Théodore* (1645) de Corneille : « Ce n'est pas contre des comédies pareilles aux nôtres que déclame saint Augustin. [...] C'est avec injustice qu'on veut étendre cette condamnation jusques à celles [de notre temps]. »

Il se faut bien garder de confondre celle-là avec celle-ci. Ce sont deux personnes de qui les mœurs sont tout à fait opposées. Elles n'ont aucun rapport l'une avec l'autre que la ressemblance du nom ; et ce serait une injustice épouvantable que de vouloir condamner Olympe, qui est femme de bien, parce qu'il y a eu une Olympe qui a été une débauchée. De semblables arrêts, sans doute, feraient un grand désordre dans le monde. Il n'y aurait rien par là qui ne fût condamné ; et, puisque l'on ne garde point cette rigueur à tant de choses dont on abuse tous les jours, on doit bien faire la même grâce à la comédie et approuver les pièces de théâtre où l'on verra régner l'instruction et l'honnêteté.

Je sais qu'il y a des esprits dont la délicatesse ne peut souffrir aucune comédie, qui disent que les plus honnêtes sont les plus dangereuses, que les passions que l'on y dépeint sont d'autant plus touchantes qu'elles sont pleines de vertu, et que les âmes sont attendries par ces sortes de représentations. Je ne vois pas quel grand crime c'est que de s'attendrir à la vue d'une passion honnête ; et c'est un haut étage de vertu que cette pleine insensibilité où ils veulent faire monter notre âme. Je doute qu'une si grande perfection soit dans les forces de la nature humaine ; et je ne sais s'il n'est pas mieux de travailler à rectifier et adoucir les passions des hommes que de vouloir les retrancher entièrement. J'avoue qu'il y a des lieux qu'il vaut mieux fréquenter que le théâtre ; et, si l'on veut blâmer toutes les choses qui ne regardent pas directement Dieu et notre salut, il est certain que la comédie en doit être, et je ne trouve point mauvais qu'elle soit condamnée avec le reste ; mais, supposé, comme il est vrai, que les exercices de la piété souffrent des intervalles, et que les hommes aient besoin de divertissement, je soutiens qu'on ne leur en peut trouver un qui soit plus innocent que la comédie. Je me suis étendu trop loin. Finissons par un mot d'un grand prince[1] sur la comédie du *Tartuffe*.

Huit jours après qu'elle eut été défendue[2], on représenta, devant la cour, une pièce intitulée *Scaramouche ermite ;* et le roi, en sortant, dit au grand prince que je veux dire : « Je voudrais bien savoir pourquoi les gens qui se scandalisent si fort de la comédie de Molière ne disent mot de celle de *Scaramouche*. » A quoi le prince répondit : « La raison de cela, c'est que la comédie de *Scaramouche* joue le ciel et la religion, dont ces messieurs-là ne se soucient point, mais celle de Molière les joue eux-mêmes ; c'est ce qu'ils ne peuvent souffrir. »

---

1. Grimarest attribue ce mot au Grand Condé, qui avait été, en effet, dès le premier jour, un partisan résolu du *Tartuffe* ; 2. En 1664.

--- **QUESTIONS** ---

SUR LA PRÉFACE. — Situez, d'après cette préface : la place du *Tartuffe* dans l'œuvre de Molière ; dans son temps ; au moment où la querelle du théâtre vient de se rallumer et, plus généralement, dans le cadre des idées classiques ; dans la continuité où Molière le place par rapport à l'Antiquité.

# P E R S O N N A G E S[1]

| | |
|---|---|
| **MADAME PERNELLE,** | mère d'Orgon. |
| **ORGON,** | mari d'Elmire. |
| **ELMIRE,** | femme d'Orgon. |
| **DAMIS,** | fils d'Orgon. |
| **MARIANE,** | fille d'Orgon et amante de Valère. |
| **VALÈRE,** | amant de Mariane. |
| **CLÉANTE,** | beau-frère d'Orgon. *Elmire's brother* |
| **TARTUFFE,** | faux dévot. |
| **DORINE,** | suivante de Mariane. |
| **MONSIEUR LOYAL,** | sergent. |
| **UN EXEMPT** | |
| **FLIPOTE,** | servante de Madame Pernelle. |

## LA SCÈNE EST À PARIS[2]

---

1. A la création, les rôles étaient distribués de la façon suivante : Madame Pernelle : le boiteux Béjart, qui devait accentuer l'aspect caricatural du personnage. — Orgon : Molière. — Elmire : Armande. — Damis : Hubert, auquel Baron succéda l'année suivante. — Mariane : M^lle de Brie qui restait charmante à près de cinquante ans. — Valère et Cléante : La Grange et La Thorillière, les comédiens les plus élégants de la troupe, ceux qui avaient porté au roi le deuxième *Placet*. — Tartuffe : Du Croisy, un gros homme à figure poupine et gourmande (voir v. 234). — Dorine : Madeleine Béjart. — Monsieur Loyal : de Brie; 2. On est chez Orgon, riche bourgeois, dans la grande salle basse.

DORINE

Si...

MADAME PERNELLE

Vous êtes, mamie[1], une fille suivante
Un peu trop forte en gueule[2] et fort impertinente;
15 Vous vous mêlez sur tout de dire votre avis.

DAMIS

Mais...

MADAME PERNELLE

Vous êtes un sot en trois lettres, mon fils :
C'est moi qui vous le dis, qui suis votre grand-mère,
Et j'ai prédit cent fois à mon fils, votre père,
Que vous preniez tout l'air d'un méchant garnement,
20 Et ne lui donneriez jamais que du tourment.

MARIANE

Je crois...

MADAME PERNELLE

Mon Dieu, sa sœur, vous faites la discrète,
Et vous n'y touchez pas, tant vous semblez doucette;
Mais il n'est, comme on dit, pire eau que l'eau qui dort,
Et vous menez sous chape[3] un train que je hais fort.

ELMIRE

25 Mais, ma mère...

MADAME PERNELLE

Ma bru, qu'il ne vous en déplaise,
Votre conduite en tout est tout à fait mauvaise :
Vous devriez leur mettre un bon exemple aux yeux,
Et leur défunte mère en usait[4] beaucoup mieux.
Vous êtes dépensière, et cet état[5] me blesse
30 Que vous alliez vêtue ainsi qu'une princesse.
Quiconque à son mari veut plaire seulement,
Ma bru, n'a pas besoin de tant d'ajustement[6].

---

1. *Mamie* : mon amie; forme familière employée pour parler aux servantes;
2. *Forte en gueule* : bavarde; le mot *gueule* était alors moins trivial qu'aujourd'hui, mais il restait familier et énergique; 3. *Sous chape* : sous cape, secrètement. La *chape* était un manteau à capuchon porté par les gens d'Église; 4. *En user* : agir, se conduire; 5. *Etat* : marques extérieures de la situation sociale, en particulier la manière dont on s'habille. Familier en ce dernier sens; 6. *Ajustement* : toilette, avec une idée de coquetterie.

# LE TARTUFFE

## ACTE PREMIER

SCÈNE PREMIÈRE. — MADAME PERNELLE
ET FLIPOTE, SA SERVANTE, ELMIRE, MARIANE,
DORINE, DAMIS, CLÉANTE.

MADAME PERNELLE

Allons, Flipote, allons, que d'eux je me délivre.

ELMIRE

Vous marchez d'un tel pas qu'on a peine à vous suivre.

MADAME PERNELLE

Laissez, ma bru, laissez; ne venez pas plus loin;
Ce sont toutes façons dont je n'ai pas besoin.

ELMIRE

5 De ce que l'on vous doit envers vous on s'acquitte.
Mais ma mère, d'où vient que vous sortez si vite?

MADAME PERNELLE

C'est que je ne puis voir tout ce ménage-ci[1],
Et que de me complaire on ne prend nul souci.
Oui, je sors de chez vous fort mal édifiée;
10 Dans toutes mes leçons j'y suis contrariée;
On n'y respecte rien, chacun y parle haut,
Et c'est tout justement la cour du roi Pétaud[2].

---

**1.** *Ménage :* employé ici en mauvaise part, désordre, mauvaise gestion dans
une maison; **2.** *Pétaud :* chef, jadis, de la corporation des mendiants; il n'avait
aucune autorité.

——————— QUESTIONS ———————

● VERS 1-12. La vivacité du mouvement; comment se marque la désap-
probation de Madame Pernelle? Quel rôle veut-elle jouer dans la maison? Relevez les expressions et les tournures de phrase qui révèlent
son caractère autoritaire.

CLÉANTE

Mais, madame, après tout...

MADAME PERNELLE

                     Pour vous, monsieur son frère,
Je vous estime fort, vous aime et vous révère;
35 Mais enfin, si j'étais de mon fils, son époux,
Je vous prierais bien fort de n'entrer point chez nous.
Sans cesse vous prêchez¹ des maximes de vivre
Qui par d'honnêtes gens ne se doivent point suivre.
Je vous parle un peu franc, mais c'est là mon humeur,
40 Et je ne mâche point ce que j'ai sur le cœur.

DAMIS

Votre monsieur Tartuffe est bien heureux sans doute...

MADAME PERNELLE

C'est un homme de bien qu'il faut que l'on écoute,
Et je ne puis souffrir sans me mettre en courroux
De le voir querellé² par un fou comme vous.

DAMIS

45 Quoi! je souffrirai, moi, qu'un cagot de critique³
Vienne usurper céans⁴ un pouvoir tyrannique,
Et que nous ne puissions à rien nous divertir
Si ce beau monsieur-là n'y daigne consentir?

DORINE

S'il le faut écouter et croire à ses maximes,
50 On ne peut faire rien qu'on ne fasse des crimes :
Car il contrôle tout, ce critique zélé.

---

**1.** *Prêcher :* proclamer, vanter; **2.** *Quereller :* accuser quelqu'un en se plaignant de lui; **3.** *Cagot de critique :* homme d'une dévotion suspecte, qui critique tout systématiquement; **4.** *Céans :* dans la maison, ici.

——— **QUESTIONS** ———————————————

●Vers 13-40. Résumez d'un trait caractéristique chaque « portrait » fait par Madame Pernelle. Dans quel but insiste-t-elle sur la hiérarchie familiale dans cette réprimande générale? Montrez que le ton et le vocabulaire de Madame Pernelle s'adaptent à chacun des personnages. — Qu'apprennent, sur la situation des personnages, les vers 25-28? Imaginez, d'après les vers 29-32, la différence de condition entre Orgon et Elmire. Montrez que ce décalage explique la réprobation de Madame Pernelle. — Le jugement sur Cléante contraste avec les précédents; Justifiez-en l'entrée en matière (vers 33-34) et la conclusion (vers 39-40). Que reproche-t-elle exactement à Cléante (vers 35-38)?

MADAME PERNELLE

Et tout ce qu'il contrôle est fort bien contrôlé.
C'est au chemin du ciel* qu'il prétend vous conduire
Et mon fils à l'aimer vous devrait tous induire[1].

DAMIS

55 Non, voyez-vous, ma mère, il n'est père ni rien
Qui me puisse obliger à lui vouloir du bien.
Je trahirais mon cœur de parler d'autre sorte;
Sur ses façons de faire à tous coups je m'emporte;
J'en prévois une suite, et qu'avec ce pied plat[2]
60 Il faudra que j'en vienne à quelque grand éclat.

DORINE

Certes, c'est une chose aussi qui scandalise
De voir qu'un inconnu céans s'impatronise[3];
Qu'un gueux, qui, quand il vint, n'avait pas de souliers,
Et dont l'habit entier valait bien six deniers,
65 En vienne jusque-là que de se méconnaître,
De contrarier tout et de faire le maître.

MADAME PERNELLE

Hé! merci de ma vie[4], il en irait bien mieux
Si tout se gouvernait par ses ordres pieux*!

DORINE

Il passe pour un saint* dans votre fantaisie :
70 Tout son fait[5], croyez-moi, n'est rien qu'hypocrisie.

MADAME PERNELLE

Voyez la langue[6]!

DORINE

          A lui, non plus qu'à son Laurent,
Je ne me fierais, moi, que sur un bon garant.

---

**1.** *Induire* : amener; **2.** *Pied plat* : rustre; d'où : homme méprisable. Les gentilshommes portaient de hauts talons; **3.** *S'impatroniser* : s'introduire dans une maison et y faire le maître; **4.** *Merci de ma vie* : miséricorde pour moi. « Manière de jurer dont se servent les femmes de la lie du peuple » (Furetière); **5.** *Tout son fait* : toutes ses manières d'être; **6.** *La langue* : ici, la mauvaise langue.

--------- **QUESTIONS** ---------

● VERS 41-68. Montrez que l'opinion de Madame Pernelle sur Tartuffe se fonde sur des idées reçues plutôt que sur un jugement précis et motivé.
— Pourquoi Damis et Dorine sont-ils les premiers et les plus ardents à critiquer Tartuffe? En quoi sont-ils personnellement gênés par Tartuffe?

MADAME PERNELLE

J'ignore ce qu'au fond le serviteur peut être,
Mais pour homme de bien je garantis le maître.
75 Vous ne lui voulez mal et ne le rebutez
Qu'à cause qu'¹il vous dit à tous vos vérités.
C'est contre le péché* que son cœur se courrouce,
Et l'intérêt du ciel* est tout ce qui le pousse.

DORINE

Oui; mais pourquoi, surtout depuis un certain temps,
80 Ne saurait-il souffrir qu'aucun hante céans²?
En quoi blesse le ciel* une visite honnête,
Pour en faire un vacarme à nous rompre la tête?
Veut-on que là-dessus je m'explique entre nous?
Je crois que de madame il est, ma foi, jaloux.

MADAME PERNELLE

85 Taisez-vous, et songez aux choses que vous dites.
Ce n'est pas lui tout seul qui blâme ces visites;
Tout ce tracas qui suit les gens que vous hantez,
Ces carrosses sans cesse à la porte plantés,
Et de tant de laquais le bruyant assemblage,
90 Font un éclat fâcheux dans tout le voisinage.
Je veux croire qu'au fond il ne se passe rien,
Mais enfin on en parle, et cela n'est pas bien.

CLÉANTE

Hé! voulez-vous, madame, empêcher qu'on ne cause?
Ce serait dans la vie une fâcheuse chose
95 Si, pour les sots discours où l'on peut être mis,
Il fallait renoncer à ses meilleurs amis;
Et, quand même on pourrait se résoudre à le faire,
Croiriez-vous obliger tout le monde à se taire?
Contre la médisance il n'est point de rempart.

---

**1.** *A cause que* : tour très employé au xviiᵉ siècle; il cesse d'être en usage au début du siècle suivant; **2.** *Hanter céans* : fréquenter, ici familièrement.

━━━━ ■ QUESTIONS ━━━━━━━━━━━━━━━━━━━━━━

● Vers 69-78. Quel est le deuxième reproche fait à Tartuffe (importance du vers 70)? Pourquoi Madame Pernelle réserve-t-elle son jugement sur Laurent? Les objections de Dorine ont-elles ébranlé ou confirmé l'opinion de Madame Pernelle sur Tartuffe?
● Vers 79-92. Dégagez le nouveau thème de la conversation. Montrez la méthode de Dorine et la portée de son accusation (vers 84); le motif du scandale pour Madame Pernelle; rapprochez ce passage des vers 28-32. Que trahit le vers 92 de l'attitude morale de la vieille dame?

100 A tous les sots caquets n'ayons donc nul égard,
    Efforçons-nous de vivre avec toute innocence,
    Et laissons aux causeurs une pleine licence.

### DORINE

Daphné, notre voisine, et son petit époux
Ne seraient-ils point ceux qui parlent mal de nous?
105 Ceux de qui la conduite offre le plus à rire
    Sont toujours sur autrui les premiers à médire;
    Ils ne manquent jamais de saisir promptement
    L'apparente lueur du moindre attachement,
    D'en semer la nouvelle avec beaucoup de joie
110 Et d'y donner le tour qu'ils veulent qu'on y croie.
    Des actions d'autrui teintes de leurs couleurs
    Ils pensent dans le monde autoriser les leurs,
    Et, sous le faux espoir de quelque ressemblance,
    Aux intrigues qu'ils ont donner de l'innocence,
115 Ou faire ailleurs tomber quelques traits partagés
    De ce blâme public dont ils sont trop chargés.

### MADAME PERNELLE

Tous ces raisonnements ne font rien à l'affaire :
On sait qu'Orante mène une vie exemplaire;
Tous ses soins vont au ciel*; et j'ai su, par des gens,
120 Qu'elle condamne fort le train[1] qui vient céans.

### DORINE

L'exemple est admirable, et cette dame est bonne!
Il est vrai qu'elle vit en austère personne;
Mais l'âge dans son âme a mis ce zèle ardent*,
Et l'on sait qu'elle est prude[2] à son corps défendant[3].
125 Tant qu'elle a pu des cœurs attirer les hommages,
    Elle a fort bien joui de tous ses avantages;

---

1. *Train* : au propre, longue file de gens; il s'agit des visites que reçoit Elmire (voir vers 87 et suivants); 2. *Prude* : d'une vertu sévère; à l'origine, le mot n'était pas péjoratif; 3. *A son corps défendant* : malgré elle; ses charmes physiques s'étant affaiblis.

---
**● QUESTIONS ●**

● VERS 93-102. Pourquoi Cléante entre-t-il ici dans le jeu? Son attitude envers la médisance : en quoi se rattache-t-elle à des conceptions de la vie sociale, souvent exprimées par Molière?
● VERS 103-120. Que trahit, du caractère de Dorine, son portrait de Daphné et l'à-propos avec lequel elle le présente? Montrez qu'il est une habile réponse aux vers 86-92. Le caractère borné de Madame Pernelle d'après sa réponse (vers 117). Cherchez les raisons de sa hâte à proposer un exemple meilleur, à son avis, que celui de Daphné.

Mais, voyant de ses yeux tous les brillants baisser,
Au monde, qui la quitte, elle veut renoncer,
Et du voile pompeux d'une haute sagesse
130 De ses attraits usés déguiser la faiblesse.
Ce sont là les retours des coquettes du temps.
Il leur est dur de voir déserter les galants.
Dans un tel abandon, leur sombre inquiétude
Ne voit d'autre recours que le métier de prude,
135 Et la sévérité de ces femmes de bien
Censure toute chose et ne pardonne à rien :
Hautement d'un chacun[1] elles blâment la vie,
Non point par charité*, mais par un trait d'envie
Qui ne saurait souffrir qu'une autre ait les plaisirs
140 Dont le penchant de l'âge a sevré leurs désirs.

#### MADAME PERNELLE

Voilà les contes bleus[2] qu'il vous faut pour vous plaire,
Ma bru, l'on est chez vous contrainte de se taire,
Car madame à jaser tient le dé[3] tout le jour;
Mais enfin je prétends discourir à mon tour.
145 Je vous dis que mon fils n'a rien fait de plus sage
Qu'en recueillant chez soi ce dévot personnage;
Que le ciel* au besoin[4] l'a céans[5] envoyé
Pour redresser à tous votre esprit fourvoyé*;
Que pour votre salut* vous le devez entendre[6],
150 Et qu'il ne reprend rien qui ne soit à reprendre.
Ces visites, ces bals, ces conversations,
Sont du malin esprit* toutes inventions.
Là, jamais on n'entend de pieuses paroles*;
Ce sont propos oisifs, chansons et fariboles :
155 Bien souvent le prochain en a sa bonne part,
Et l'on y sait médire et du tiers et du quart[7].

---

**1.** *Un chacun :* n'importe qui; expression déjà vieillie à la fin du XVIIᵉ siècle; **2.** *Contes bleus :* contes pour les enfants; *bleus* parce qu'ils avaient une couverture bleue; ici (sens figuré) : propos puérils; **3.** *Tenir le dé à jaser :* se rendre maître de la conversation; toujours parler (sens figuré); **4.** *Besoin :* dénuement (au propre et au figuré), situation critique. Le ciel l'a envoyé ici pour répondre à une nécessité; **5.** *Céans :* voir vers 46 et la note; **6.** *Entendre :* prêter attention à; **7.** C'est-à-dire d'une troisième personne, d'une quatrième, et ainsi de suite.

---

#### ▬ QUESTIONS ▬

● Vers 121-140. Les éléments dominants de ce croquis. Ses points communs avec l'esquisse rapide de Daphné. De quel personnage du *Misanthrope* peut-on rapprocher Orante? N'est-il pas étonnant que Dorine excelle presque autant que Célimène à ce jeu des portraits?

Enfin les gens sensés ont leurs têtes troublées
De la confusion de telles assemblées;
Mille caquets divers s'y font en moins de rien,
160 Et comme l'autre jour un docteur[1] dit fort bien,
C'est véritablement la tour de Babylone[2],
Car chacun y babille, et tout du long de l'aune;
Et, pour conter l'histoire où ce point l'engagea...

*(Montrant Cléante.)*

Voilà-t-il pas monsieur qui ricane déjà?
165 Allez chercher vos fous qui vous donnent à rire,
Et sans... Adieu, ma bru, je ne veux plus rien dire.
Sachez que pour céans j'en rabats de moitié[3],
Et qu'il fera beau temps quand j'y mettrai le pied.

*(Donnant un soufflet à Flipote.)*

Allons, vous! vous rêvez et bayez aux corneilles,
170 Jour de Dieu! je saurai vous frotter les oreilles.
Marchons, gaupe[4], marchons!

---

1. *Un docteur :* en théologie; un prédicateur; 2. *La tour de Babylone :* au lieu
de *Babel*, nom hébreu, employé plus couramment aujourd'hui dans cette expression; aux XVIIe et XVIIIe siècles, on se servait indifféremment des deux noms
l'un pour l'autre; ce qui est plaisant, c'est l'étymologie de Madame Pernelle,
à partir de *babil* et de *aune* (au vers 162) — *tout au long de l'aune :* abon-
damment, à pleine mesure; 3. Sachez que mon estime pour votre maison diminue
de moitié; 4. *Gaupe :* femme malpropre, désagréable; terme familier d'injure et
de mépris.

--- **QUESTIONS** ---

● VERS 141-171. La composition de cette tirade. Rapprochez le vers 141
et le vers 117. Qu'en concluez-vous sur le caractère de Madame Pernelle? Soulignez le comique qu'entraînent les vers 142 et 144. — Madame
Pernelle affirme-t-elle quelque chose qu'elle n'ait déjà dit? Sur quel
ton le répète-t-elle maintenant? — Pourquoi lance-t-elle à son tour
l'accusation de médisance (vers 155-159)? — La sortie de Madame
Pernelle : son effet comique.

■ SUR L'ENSEMBLE DE LA SCÈNE PREMIÈRE. — La technique dramatique : est-ce habituel de faire paraître tant de personnages dans une
scène d'exposition? Comparez sur ce point *le Tartuffe* à d'autres pièces
de Molière. Avantages et inconvénients de ce procédé pour la mise en
scène, pour la marche de l'action; la répartition du jeu entre les différents personnages : lequel d'entre eux donne son mouvement à la scène?
— L'exposition : les renseignements donnés sur l'identité des personnages, leurs liens de famille, leur caractère, le milieu social. Analysez
la personnalité de Madame Pernelle (ses idées, son caractère, son langage).
— La vision, plus ou moins déformée que chacun a de Tartuffe,
ne trahit-elle pas les passions qu'il déchaîne? Le spectateur peut-il
se faire une opinion définitive sur Tartuffe?

## Scène II. — CLÉANTE, DORINE.

CLÉANTE

Je n'y veux point aller,
De peur qu'elle ne vînt[1] encor me quereller;
Que cette bonne femme[2]...

DORINE

Ah! certes, c'est dommage
Qu'elle ne vous ouït tenir un tel langage;
175 Elle vous dirait bien qu'elle vous trouve bon,
Et qu'elle n'est point d'âge à lui donner ce nom.

CLÉANTE

Comme elle s'est pour rien contre nous échauffée,
Et que de son Tartuffe elle paraît coiffée!

DORINE

Oh! vraiment, tout cela n'est rien au prix du fils[3];
180 Et, si vous l'aviez vu, vous diriez : « C'est bien pis. »
Nos troubles[4] l'avaient mis sur le pied d'homme sage,
Et pour servir son prince il montra du courage,
Mais il est devenu comme un homme hébété
Depuis que de Tartuffe on le voit entêté.
185 Il l'appelle son frère et l'aime dans son âme
Cent fois plus qu'il ne fait[5] mère, fils, fille et femme.
C'est de tous ses secrets l'unique confident
Et de ses actions le directeur prudent.
Il le choie, il l'embrasse; et pour une maîtresse
190 On ne saurait, je pense, avoir plus de tendresse;
A table, au plus haut bout[6] il veut qu'il soit assis;
Avec joie il l'y voit manger autant que six;
Les bons morceaux de tout, il fait qu'on les lui cède;
Et, s'il vient à roter[7], il lui dit : « Dieu vous aide! »

---

1. *Vint* : cas particulier de concordance des temps; au lieu d'un présent du subjonctif, attendu normalement aujourd'hui, l'imparfait exprime l'éventualité; 2. *Bonne femme* : vieille femme, sans nuance péjorative (voir vers 176); 3. On prononçait « fi » et, au vers 192, « si »; 4. Allusion à la Fronde (1648-1653); 5. *Faire* : ce verbe s'emploie, dans la langue classique, à la place de n'importe quel verbe que l'on ne veut pas répéter; ici : aimer; 6. C'est-à-dire à la place d'honneur; 7. C'est une servante qui parle *(note de Molière)*.

--------- **QUESTIONS** ------------

● Vers 172-178. En quoi réside l'accord des deux personnages, malgré la grande différence de niveau social?

195 Enfin il en est fou; c'est son tout, son héros;
    Il l'admire à tous coups, le cite à tous propos,
    Ses moindres actions lui semblent des miracles,
    Et tous les mots qu'il dit sont pour lui des oracles.
    Lui, qui connaît sa dupe et qui veut en jouir,
200 Par cent dehors fardés à l'art de l'éblouir;
    Son cagotisme[1] en tire à toute heure des sommes
    Et prend droit de gloser[2] sur tous tant que nous sommes.
    Il n'est pas jusqu'au fat[3] qui lui sert de garçon
    Qui ne se mêle aussi de nous faire leçon;
205 Il vient nous sermonner avec des yeux farouches,
    Et jeter nos rubans, notre rouge et nos mouches[4].
    Le traître, l'autre jour, nous rompit de ses mains
    Un mouchoir[5] qu'il trouva dans une *Fleur des saints*[6],
    Disant que nous mêlions, par un crime effroyable,
210 Avec la sainteté les parures du diable*.

## SCÈNE III. — ELMIRE, MARIANE, DAMIS, CLÉANTE, DORINE.

### ELMIRE

Vous êtes bienheureux de n'être point venu
Au discours qu'à la porte elle nous a tenu.
Mais j'ai vu mon mari; comme il ne m'a point vue,
Je veux aller là-haut attendre sa venue.

### CLÉANTE

215 Moi, je l'attends ici pour moins d'amusement[7],
    Et je vais lui donner le bonjour seulement.

---

1. *Cagotisme* : ses manières de cagot; le mot a été forgé par Molière; 2. *Gloser* : faire des commentaires; 3. *Fat* : sot, prétentieux; 4. *Mouche* : petite pastille de taffetas ou de velours noirs que les femmes collaient sur leur visage; 5. *Mouchoir* : de cou (pour le distinguer du *mouchoir de poche*); sorte de fichu; 6. *Fleur des saints* : titre d'un livre de piété, très répandu et volumineux, ce qui expliquerait l'usage indiqué ici, que l'on peut rapprocher de l'usage fait du Plutarque dans les *Femmes savantes* (II, VII, vers 562); 7. *Amusement* : perte de temps.

## —— QUESTIONS ——

● VERS 179-210. Composition de cette tirade. Dégagez les traits caractéristiques de ce portrait : réalisme, pittoresque, observation, comique teinté d'indignation, l'art des comparaisons suggestives. Comment nous apparaît ici Orgon? Qu'apprenons-nous de Tartuffe et de sa situation dans la maison? Soulignez l'harmonie entre Laurent et son maître.

■ SUR L'ENSEMBLE DE LA SCÈNE II. — Soulignez le contraste avec la scène précédente, dans le ton, l'atmosphère. Comment l'exposition se complète-t-elle?

DAMIS

De l'hymen de ma sœur touchez-lui quelque chose.
J'ai soupçon que Tartuffe à son effet[1] s'oppose,
Qu'il oblige mon père à des détours si grands;
220 Et vous n'ignorez pas quel intérêt j'y prends.
Si même ardeur enflamme et ma sœur et Valère,
La sœur de cet ami, vous le savez, m'est chère;
Et s'il fallait...

DORINE

Il entre.

## Scène IV. — ORGON, CLÉANTE, DORINE.

ORGON

Ah! mon frère, bonjour.

CLÉANTE

Je sortais, et j'ai joie à vous voir de retour :
225 La campagne à présent n'est pas beaucoup fleurie.

ORGON

*(A Cléante.)*
Dorine... Mon beau-frère, attendez, je vous prie.
Vous voulez bien souffrir, pour m'ôter de souci,
Que je m'informe un peu des nouvelles d'ici?
*(A Dorine.)*
Tout s'est-il, ces deux jours, passé de bonne sorte?
230 Qu'est-ce qu'on fait céans[2]? comme[3] est-ce qu'on s'y porte?

DORINE

Madame eut, avant-hier, la fièvre jusqu'au soir,
Avec un mal de tête étrange à concevoir.

ORGON

Et Tartuffe?

---

1. *Effet :* réalisation; 2. *Céans :* voir vers 46 et la note; 3. *Comme :* comment;
cet emploi de *comme* dans l'interrogation, condamné par Vaugelas, restait cependant fort en usage.

──────── QUESTIONS ────────

■ Sur la scène iii. — On a critiqué la sortie d'Elmire en en faisant
une nécessité dramatique : mais ne serait-ce pas aussi une coquetterie
adroite ou, simplement, un trait de mœurs courant (la place d'Elmire
n'est pas d'attendre Orgon sur le pas de la porte)? Qu'apprenons-nous
d'intéressant sur les rapports de Tartuffe avec la famille d'Orgon?

DORINE

Tartuffe? il se porte à merveille,
Gros et gras, le teint frais et la bouche vermeille.

ORGON

235 Le pauvre homme!

DORINE

Le soir elle eut un grand dégoût
Et ne put au souper toucher à rien du tout,
Tant sa douleur de tête était encor cruelle.

ORGON

Et Tartuffe?

DORINE

Il soupa, lui tout seul, devant elle,
Et fort dévotement il mangea deux perdrix
240 Avec une moitié de gigot en hachis.

ORGON

Le pauvre homme!

DORINE

La nuit se passa tout entière
Sans qu'elle pût fermer un moment la paupière;
Des chaleurs l'empêchaient de pouvoir sommeiller,
Et jusqu'au jour près d'elle il nous fallut veiller.

ORGON

245 Et Tartuffe?

DORINE

Pressé d'un sommeil agréable,
Il passa dans sa chambre au sortir de la table,
Et dans son lit bien chaud il se mit tout soudain,
Où sans trouble il dormit jusques au lendemain.

ORGON

Le pauvre homme!

DORINE

A la fin, par nos raisons gagnée,
250 Elle se résolut à souffrir la saignée[1],
Et le soulagement suivit tout aussitôt.

---

1. La saignée était alors le grand remède en usage. Molière raille cette thérapeutique dans toutes ses comédies contre les médecins, de *l'Amour médecin* au *Malade imaginaire*.

ORGON

Et Tartuffe?

DORINE

Il reprit courage comme il faut,
Et, contre tous les maux fortifiant son âme*,
Pour réparer le sang qu'avait perdu madame,
255 But, à son déjeuner, quatre grands coups de vin.

ORGON

Le pauvre homme!

DORINE

Tous deux se portent bien enfin;
Et je vais à madame annoncer par avance
La part que vous prenez à sa convalescence.

Scène V. — ORGON, CLÉANTE.

CLÉANTE

A votre nez, mon frère, elle se rit de vous.
260 Et, sans avoir dessein de vous mettre en courroux,
Je vous dirai tout franc que c'est avec justice.
A-t-on jamais parlé d'un semblable caprice?
Et se peut-il qu'un homme ait un charme[1] aujourd'hui
A vous faire oublier toutes choses pour lui?
265 Qu'après avoir[2] chez vous réparé sa misère,
Vous en veniez au point...

ORGON

Halte-là, mon beau-frère;
Vous ne connaissez pas celui dont vous parlez.

---

1. *Charme* : pouvoir magique; 2. *Après avoir* : après qu'il a.

——— QUESTIONS ———

■ Sur l'ensemble de la scène IV. — L'importance des traits nouveaux qui s'ajoutent à l'image de Tartuffe. Molière donne-t-il souvent des indications aussi précises sur le physique de ses personnages? Les contradictions entre l'égoïsme de Tartuffe et ses préceptes tels qu'on les a rapportés à la scène première.

— Étudiez les changements de vocabulaire de Dorine, selon qu'elle parle de Tartuffe ou d'Elmire.

— Orgon est-il ridicule, odieux, méprisable? Sur quel ton prononce-t-il *le pauvre homme!?* Y a-t-il progression? Montrez chez Dorine une évolution parallèle de l'indignation. Mécanisme comique : le jeu des symétries et des contrastes dans les répliques.

CLÉANTE

Je ne le connais pas, puisque vous le voulez,
Mais enfin, pour savoir quel homme ce peut être...

ORGON

270 Mon frère, vous seriez charmé[1] de le connaître,
Et vos ravissements[2] ne prendraient point de fin.
C'est un homme... qui... ah!... un homme... un homme
[enfin.
Qui suit bien ses leçons goûte une paix profonde*
Et comme du fumier regarde tout le monde.
275 Oui, je deviens tout autre avec son entretien;
Il m'enseigne à n'avoir affection pour rien,
De toutes amitiés il détache* mon âme*,
Et je verrais mourir frère, enfants, mère et femme,
Que je m'en soucierais autant que de cela.

CLÉANTE

280 Les sentiments humains, mon frère, que voilà!

ORGON

Ah! si vous aviez vu comme j'en fis rencontre,
Vous auriez pris pour lui l'amitié que je montre.
Chaque jour à l'église il venait, d'un air doux*,
Tout vis-à-vis de moi se mettre à deux genoux.
285 Il attirait les yeux de l'assemblée entière
Par l'ardeur* dont au ciel* il poussait[3] sa prière;
Il faisait des soupirs, de grands élancements*,
Et baisait humblement* la terre à tous moments;
Et, lorsque je sortais, il me devançait vite
290 Pour m'aller à la porte offrir de l'eau bénite.

---

**1.** *Charmé :* ensorcelé, en quelque sorte; **2.** *Ravissements* (sens fort) : vif enthousiasme; **3.** *Pousser :* ici, exprimer avec une vivacité passionnée.

---

**━━━ QUESTIONS ━━━━━━━━━━━━━━━━━━━━━━━━━━━━━━**

● VERS 259-267. Quel sentiment anime Cléante dans ces vers? Cherchez les mots qui marquent la réprobation et qui soulignent l'arbitraire de l'attitude d'Orgon. Quel effet Molière obtient-il par la réponse sentencieuse d'Orgon (vers 266-267)?

● VERS 268-280. Soulignez le contraste entre les vers 270-271 et le vers suivant. Que présage le début de ce vers 272? Quel effet produisent les hésitations d'Orgon, puis la chute pitoyable du vers? — Que marque le changement d'orientation de la réplique (vers 273 et suivants) : le passage de l'homme à ses enseignements? Montrez qu'Orgon récite une leçon mal comprise. Rapprochez ce passage du vers 186. Expliquez ce que Cléante veut mettre en lumière au vers 280.

Instruit par son garçon, qui dans tout l'imitait,
Et de son indigence et de ce qu'il était,
Je lui faisais des dons; mais, avec modestie[1],
Il me voulait toujours en rendre une partie.
295 « C'est trop, me disait-il, c'est trop de la moitié[2].
Je ne mérite pas de vous faire pitié*. »
Et, quand je refusais de le vouloir reprendre,
Aux pauvres, à mes yeux, il allait le répandre.
Enfin le ciel* chez moi me le fit retirer,
300 Et, depuis ce temps-là, tout semble y prospérer.
Je vois qu'il reprend* tout, et qu'à ma femme même
Il prend, pour mon honneur, un intérêt extrême;
Il m'avertit des gens qui lui font les yeux doux,
Et plus que moi six fois il s'en montre jaloux.
305 Mais vous ne croiriez point jusqu'où monte son zèle*;
Il s'impute à péché* la moindre bagatelle;
Un rien presque suffit pour le scandaliser*,
Jusque-là qu'il se vint l'autre jour accuser
D'avoir pris une puce, en faisant sa prière,
310 Et de l'avoir tuée avec trop de colère.

CLÉANTE

Parbleu! vous êtes fou, mon frère, que je croi[3].
Avec de tels discours vous moquez-vous de moi?
Et que prétendez-vous que tout ce badinage[4]...

ORGON

Mon frère, ce discours sent le libertinage[5]*
315 Vous en êtes un peu dans votre âme entiché,
Et comme je vous l'ai plus de dix fois prêché[6],
Vous vous attirerez quelque méchante affaire.

---

**1.** *Modestie :* modération; **2.** Vous me donnez deux fois trop; **3.** *Que je croi :* à ce que je crois; *croi :* licence poétique, justifiable étymologiquement, et qui n'est possible alors qu'à la rime; **4.** *Badinage :* comédie ridicule; le « badin » était, dans les vieilles farces, le type du niais; **5.** *Libertinage :* libre pensée, irréligion (voir vers 320; *libertin :* même sens); **6.** *Prêcher :* voir vers 37 et la note.

--- **QUESTIONS** ---

● Vers 281-310. Les deux étapes de la manœuvre de Tartuffe (importance du vers 299). Montrez que toutes les prétendues vertus de Tartuffe, énumérées par Orgon, le rendent de plus en plus suspect aux yeux de Cléante et du spectateur. Soulignez la valeur des vers 308-310 comme preuve de la bêtise d'Orgon et de l'imposture de Tartuffe.
● Vers 311-317. Les accusations que se lancent les deux beaux-frères. Soulignez la gravité de l'accusation de « libertinage ». L'ironie du vers 317, quand on sait la mésaventure d'Orgon, à la fin de la pièce.

CLÉANTE

Voilà de vos pareils le discours ordinaire.
Ils veulent que chacun soit aveugle comme eux;
320 C'est être libertin* que d'avoir de bons yeux,
Et qui n'adore pas de vaines simagrées[1]
N'a ni respect ni foi* pour les choses sacrées*.
Allez, tous vos discours ne me font point de peur;
Je sais comme je parle, et le ciel* voit mon cœur.
325 De tous vos façonniers[2] on n'est point les esclaves :
Il est de faux dévots ainsi que de faux braves;
Et, comme on ne voit pas qu'où l'honneur les conduit[3]
Les vrais braves soient ceux qui font beaucoup de bruit,
Les bons et vrais dévots, qu'on doit suivre à la trace,
330 Ne sont pas ceux aussi[4] qui font tant de grimace.
Hé quoi! vous ne ferez nulle distinction
Entre l'hypocrisie et la dévotion?
Vous les voulez traiter d'un semblable langage,
Et rendre même honneur au masque qu'au visage;
335 Égaler l'artifice[5] à la sincérité,
Confondre l'apparence avec la vérité,
Estimer le fantôme autant que la personne,
Et la fausse monnaie à l'égal de la bonne?
Les hommes, la plupart, sont étrangement faits!
340 Dans la juste nature on ne les voit jamais;
La raison a pour eux des bornes trop petites;
En chaque caractère ils passent ses limites,
Et la plus noble chose, ils la gâtent souvent
Pour la vouloir outrer et pousser trop avant.
345 Que cela vous soit dit en passant, mon beau-frère.

ORGON

Oui, vous êtes, sans doute, un docteur qu'on révère;
Tout le savoir du monde est chez vous retiré;

---

**1.** *Simagrées* : manières affectées pour faire illusion ou pour duper; **2.** *Façonnier* : faiseur de manières, notamment qui affecte une vertu qu'il n'a pas; **3.** C'est-à-dire au combat; **4.** *Aussi* : non plus; **5.** *Artifice* : voir Préface, note 4, p. 27.

——— **QUESTIONS** ———

● Vers 318-345. Composition de la tirade de Cléante : montrez qu'elle est centrée sur les vers 331-332. — La structure de l'argumentation : le raisonnement par analogie (vers 325-330); le jeu des antithèses (vers 334-338); la conclusion (vers 339-344) qui expose une conception morale chère à Molière (voir, par exemple, l'attitude de Philinte dans *le Misanthrope*, vers 151-152). — Soulignez le ton polémique de ce passage, qui s'explique par les avatars du *Tartuffe* avant 1669.

Vous êtes le seul sage et le seul éclairé,
Un oracle, un Caton[1], dans le siècle où nous sommes,
350 Et, près de vous, ce sont des sots que tous les hommes.

CLÉANTE

Je ne suis point, mon frère, un docteur révéré,
Et le savoir chez moi n'est pas tout retiré;
Mais, en un mot, je sais, pour toute ma science,
Du faux avec le vrai faire la différence;
355 Et, comme je ne vois nul genre de héros
Qui soient plus à priser que les parfaits dévots,
Aucune chose au monde et plus noble et plus belle
Que la sainte ferveur* d'un véritable zèle*,
Aussi ne vois-je rien qui soit plus odieux
360 Que le dehors plâtré d'un zèle* spécieux[2],
Que ces francs charlatans, que ces dévots de place[3]
De qui la sacrilège* et trompeuse grimace
Abuse impunément et se joue, à leur gré,
De ce qu'ont les mortels de plus saint* et sacré*;
365 Ces gens qui, par une âme à l'intérêt soumise,
Font de dévotion métier et marchandise,
Et veulent acheter crédit et dignités
A prix de faux clins d'yeux et d'élans* affectés;
Ces gens, dis-je, qu'on voit d'une ardeur* non commune
370 Par le chemin du ciel* courir à leur fortune;
Qui, brûlants[4] et priants, demandent[5] chaque jour
Et prêchent la retraite* au milieu[6] de la cour;
Qui savent ajuster leur zèle* avec leurs vices,
Sont prompts, vindicatifs, sans foi, pleins d'artifices,
375 Et, pour perdre quelqu'un, couvrent insolemment
De l'intérêt du ciel* leur fier[7] ressentiment;
D'autant plus dangereux dans leur âpre colère
Qu'ils prennent contre nous des armes qu'on révère,
Et que leur passion, dont on leur sait bon gré,

---

1. *Caton* l'Ancien (232-147 av. J.-C.) mena une lutte infatigable contre le luxe; son nom est devenu synonyme d'homme de mœurs austères et de sage; 2. *Spécieux* : de belle apparence; 3. *Dévots de place* (expression d'origine obscure) : « dévots qui affichent leur dévotion » (R. Bray); 4. *Brûlants* : d'ardeur dévote; au XVIIe siècle, l'usage admettait l'accord du participe présent; 5. *Demander* (sans complément d'objet) : mendier sans cesse; 6. En restant à la cour; 7. *Fier* : farouche, cruel.

---

**● QUESTIONS**

● Vers 346-350. Montrez que l'ironie d'Orgon masque un sentiment d'infériorité — à la fois social et intellectuel — devant son beau-frère.

380 Veut nous assassiner avec un fer sacré.
De ce faux caractère on en voit trop paraître :
Mais les dévots de cœur sont aisés à connaître.
Notre siècle, mon frère, en expose à nos yeux
Qui peuvent nous servir d'exemples glorieux.
385 Regardez Ariston, regardez Périandre,
Oronte, Alcidamas, Polydore, Clitandre :
Ce titre par aucun ne leur est débattu[1] :
Ce ne sont point du tout fanfarons de vertu,
On ne voit point en eux ce faste insupportable,
390 Et leur dévotion est humaine et traitable.
Ils ne censurent point toutes nos actions :
Ils trouvent trop d'orgueil dans ces corrections,
Et, laissant la fierté des paroles aux autres,
C'est par leurs actions qu'ils reprennent les nôtres.
395 L'apparence du mal a chez eux peu d'appui[2],
Et leur âme est portée à juger bien d'autrui.
Point de cabale[3] en eux, point d'intrigues à suivre;
On les voit, pour tous soins, se mêler de bien vivre.
Jamais contre un pécheur* ils n'ont d'acharnement :
400 Ils attachent leur haine au péché* seulement
Et ne veulent point prendre avec un zèle* extrême
Les intérêts du ciel* plus qu'il ne veut lui-même.
Voilà mes gens, voilà comme il en faut user,
Voilà l'exemple enfin qu'il se faut proposer.
405 Votre homme, à dire vrai, n'est pas de ce modèle,
C'est de fort bonne foi que vous vantez son zèle*,
Mais par un faux éclat je vous crois ébloui.

ORGON

Monsieur mon cher beau-frère, avez-vous tout dit?

CLÉANTE

Oui.

1. *Débattu :* contesté; 2. *Appui :* crédit; 3. *Cabale :* ici, mentalité qui porte à se liguer secrètement, le plus souvent contre quelqu'un ou quelque chose.

—————— QUESTIONS ——————

● Vers 351-409. La composition de cette nouvelle tirade de Cléante; son caractère rhétorique : l'exorde (vers 355-364), les deux parties équilibrées et symétriques (vers 365-381 et 382-404), la conclusion (vers 405-408). — Étudiez par quelles alliances de mots Cléante retourne contre les faux dévots leur propre vocabulaire (vers 365-380). — Les arguments en faveur de la vraie dévotion sont-ils aussi expressifs (vers 382-404)?

ORGON

Je suis votre valet[1].

> *(Il veut s'en aller.)*

CLÉANTE

De grâce, un mot, mon frère.
410 Laissons là ce discours. Vous savez que Valère
Pour être votre gendre a parole de vous.

ORGON

Oui.

CLÉANTE

Vous aviez pris jour pour un lien si doux.

ORGON

Il est vrai.

CLÉANTE

Pourquoi donc en différer la fête?

ORGON

Je ne sais.

CLÉANTE

Auriez-vous autre pensée en tête?

ORGON

415 Peut-être.

CLÉANTE

Vous voulez manquer à votre foi[2]?

ORGON

Je ne dis pas cela.

CLÉANTE

Nul obstacle, je croi[3],
Ne vous peut empêcher d'accomplir vos promesses.

ORGON

Selon[4].

---

1. « On dit ironiquement à un homme *Je suis votre valet* quand on ne veut pas croire ce qu'il dit, ou faire ce qu'il désire » (Furetière, 1690); 2. *Foi :* parole donnée; 3. *Croi :* voir vers 311 et la note; 4. *Selon :* c'est selon mes dispositions à ce moment.

CLÉANTE

Pour dire un mot faut-il tant de finesses?
Valère sur ce point me fait vous visiter.

ORGON

420 Le ciel en soit loué!

CLÉANTE

Mais que lui reporter?

ORGON

Tout ce qu'il vous plaira.

CLÉANTE

Mais il est nécessaire
De savoir vos desseins. Quels sont-ils donc?

ORGON

De faire
Ce que le ciel* voudra.

CLÉANTE

Mais parlons tout de bon.
Valère a votre foi. La tiendrez-vous, ou non?

ORGON

425 Adieu.

CLÉANTE, *seul.*

Pour son amour je crains une disgrâce,
Et je dois l'avertir de tout ce qui se passe.

─────── QUESTIONS ───────

● Vers 410-426. La demande de Cléante est-elle habile? L'attitude d'Orgon : est-ce le simple dépit d'avoir été sermonné par Cléante qui explique sa mauvaise volonté? Est-ce la marque d'un caractère sournois et rusé?

■ Sur l'ensemble de la scène v. — Comment les deux parties de la scène sont-elles liées sur le plan de l'action? Montrez qu'il y a un renversement de situation entre les deux personnages : qui l'emporte finalement?

— Le rôle de Cléante : comparez-le aux autres « raisonneurs » de Molière.

— Le spectateur prévoyait-il que le mariage de Mariane allait passer au premier plan?

■ Sur l'ensemble de l'acte premier. — La part de l'exposition et la part de l'action; jusqu'à quel moment faut-il attendre que celle-ci s'engage?

— Le personnage de Tartuffe. Les images successives que le spectateur a de lui : pourquoi le témoignage d'Orgon est-il, malgré sa sympathie pour Tartuffe, plus révélateur que les attaques lancées par les adversaires de l'imposteur?

— Orgon, chef de famille : comparez-le à Harpagon, Chrysale, etc.

« Je vous parle un peu franc, mais c'est là mon humeur... » (Vers 39.)

Colette Dompiétrini (Mariane), Marcelle Demyères (Madame Pernelle),
Françoise Seigner (Dorine) et Gérard Guillaumat (Cléante).

*LE TARTUFFE* AU THÉÂTRE DE FRANCE,
PAR LA COMPAGNIE ROGER PLANCHON

Phot. Bernand.

« Mais l'amour dans un cœur veut de la fermeté. » (Vers 624.)

Colette Dompiétrini (Mariane) et Françoise Seigner (Dorine).

# ACTE II

### Scène première. — ORGON, MARIANE.

ORGON

Mariane.

MARIANE

Mon père.

ORGON

Approchez. J'ai de quoi
Vous parler en secret.

MARIANE

Que cherchez-vous?

ORGON, *il regarde dans un petit cabinet.*

Je voi[1]
Si quelqu'un n'est point là qui pourrait nous entendre,
430 Car ce petit endroit est propre pour surprendre.
Or sus, nous voilà bien. J'ai, Mariane, en vous
Reconnu de tout temps un esprit assez doux,
Et de tout temps aussi vous m'avez été chère.

MARIANE

Je suis fort redevable à cet amour de père.

ORGON

435 C'est fort bien dit, ma fille; et, pour le mériter,
Vous devez n'avoir soin que de me contenter.

MARIANE

C'est où[2] je mets aussi ma gloire la plus haute.

ORGON

Fort bien. Que dites-vous de Tartuffe notre hôte?

MARIANE

Qui, moi?

ORGON

Vous. Voyez bien comme vous répondrez.

---

1. *Voi* : voir vers 311 et la note; 2. *Où* : à quoi; *où* était au xviie siècle d'un emploi étendu : il remplaçait, par souci d'élégance et de commodité, le pronom relatif précédé d'une préposition, même si l'antécédent était un nom de personne.

MARIANE

440 Hélas! j'en dirai, moi, tout ce que vous voudrez.

ORGON

C'est parler sagement. Dites-moi, donc, ma fille,
Qu'en toute sa personne un haut mérite brille,
Qu'il touche votre cœur, et qu'il vous serait doux
De le voir par mon choix devenir votre époux.
445 Eh?

*(Mariane se recule avec surprise.)*

MARIANE

Eh?

ORGON

Qu'est-ce?

MARIANE

Plaît-il?

ORGON

Quoi?

MARIANE

Me suis-je méprise?

ORGON

Comment?

MARIANE

Qui voulez-vous, mon père, que je dise
Qui me touche le cœur, et qu'il me serait doux
De voir par votre choix devenir mon époux?

ORGON

Tartuffe.

MARIANE

Il n'en est rien, mon père, je vous jure.
450 Pourquoi me faire dire une telle imposture?

——————— QUESTIONS ———————

● Vers 427-444. La solennité et les mystères d'Orgon sont-ils conformes à ce que l'on sait déjà de lui? L'attitude de Mariane confirme-t-elle le jugement de sa grand-mère (voir vers 21-24)? — La brutalité du vers 438. Pourquoi Orgon, sans se contenter d'imposer sa volonté à sa fille, veut-il aussi obtenir de celle-ci son acceptation? — Comment interpréter l'intention de Mariane au vers 440?

ORGON

Mais je veux que cela soit une vérité;
Et c'est assez pour vous que je l'aie arrêté[1].

MARIANE

Quoi! vous voulez, mon père...

ORGON

Oui, je prétends[2], ma fille,
Unir par votre hymen Tartuffe à ma famille.
455 Il sera votre époux, j'ai résolu cela;
Et comme sur vos vœux je...

Scène II. — DORINE, ORGON, MARIANE.

ORGON

Que faites-vous là?
La curiosité qui vous presse est bien forte.
Mamie[3], à nous venir écouter de la sorte.

DORINE

Vraiment, je ne sais pas si c'est un bruit qui part
460 De quelque conjecture ou d'un coup de hasard,
Mais de ce mariage on m'a dit la nouvelle,
Et j'ai traité cela de pure bagatelle. *nonsense*

ORGON

Quoi donc! la chose est-elle incroyable?

DORINE

A tel point
Que vous-même, monsieur, je ne vous en crois point.

ORGON

465 Je sais bien le moyen de vous le faire croire.

----

1. *Arrêter :* décider; 2. *Prétendre :* avoir la ferme intention; 3. *Mamie :* voir vers 13 et la note.

——————— **QUESTIONS** ———————

● Vers 445-456. L'évolution de l'attitude de Mariane; le durcissement progressif d'Orgon : cherchez-en des manifestations; les marques d'autorité (mots, ton), l'égoïsme que traduit ce choix.
■ Sur l'ensemble de la scène première. — Montrez qu'elle continue et complète la dernière scène de l'acte précédent. Qu'y a-t-il de traditionnel dans la situation entre père et fille? Citez d'autres comédies de Molière où l'on retrouve le même désaccord.

DORINE

Oui, oui, vous nous contez une plaisante histoire.

ORGON

Je conte justement ce qu'on verra dans peu.

DORINE

Chansons!

ORGON

Ce que je dis, ma fille, n'est point jeu.

DORINE

Allez, ne croyez point à[1] monsieur votre père!
470 Il raille. *j'este*

ORGON

Je vous dis...

DORINE

Non, vous avez beau faire,
On ne vous croira point.

ORGON

A la fin, mon courroux...

DORINE

Hé bien! on vous croit donc, et c'est tant pis pour vous.
Quoi! se peut-il, monsieur, qu'avec l'air d'homme sage
Et cette large barbe au milieu du visage,
475 Vous soyez assez fou pour vouloir...

ORGON

Écoutez :
Vous avez pris céans[2] certaines privautés
Qui ne me plaisent point, je vous le dis, mamie[3].

DORINE

Parlons sans nous fâcher, monsieur, je vous supplie.
Vous moquez-vous des gens d'avoir fait ce complot?

---

1. *Croire à :* ajouter foi à; ne s'emploie plus qu'avec un complément de chose;
2. *Céans :* voir vers 46 et la note; 3. *Mamie :* voir vers 13 et la note.

---

**QUESTIONS**

● Vers 457-477. Pourquoi Dorine intervient-elle? Analysez les causes du mécontentement d'Orgon (vers 456-458, à rapprocher des vers 428-430). Dorine joue d'abord l'incrédulité : que veut-elle souligner par là? Quel est le seul argument qu'Orgon trouve en réponse? — Est-ce la première fois qu'Orgon se fait traiter de « fou » (vers 475)? Montrez le comique de la situation.

480 Votre fille n'est point l'affaire d'un bigot,
Il a d'autres emplois auxquels il faut qu'il pense;
Et puis, que vous apporte une telle alliance?
A quel sujet[1] aller, avec tout votre bien,
Choisir un gendre gueux...

ORGON

                      Taisez-vous. S'il n'a rien,
485 Sachez que c'est par là qu'il faut qu'on le révère.
Sa misère est sans doute[2] une honnête misère.
Au-dessus des grandeurs elle doit l'élever,
Puisqu'enfin de son bien il s'est laissé priver
Par son trop peu de soin des choses temporelles*
490 Et sa puissante attache[3] aux choses éternelles*.
Mais mon secours pourra lui donner les moyens
De sortir d'embarras et rentrer dans ses biens.
Ce sont fiefs qu'à bon titre au pays[4] on renomme.
Et, tel que l'on le voit, il est bien gentilhomme.

DORINE

495 Oui, c'est lui qui le dit, et cette vanité,
Monsieur, ne sied pas bien avec la piété.
Qui d'une sainte* vie embrasse l'innocence
Ne doit point tant prôner son nom et sa naissance,
Et l'humble procédé[5] de la dévotion
500 Souffre mal les éclats de cette ambition.
A quoi bon cet orgueil?... Mais ce discours vous blesse :
Parlons de sa personne, et laissons sa noblesse.
Ferez-vous possesseur, sans quelque peu d'ennui[6],
D'une fille comme elle un homme comme lui[7]?
505 Et ne devez-vous pas songer aux bienséances
Et de cette union prévoir les conséquences?
Sachez que d'une fille on risque la vertu
Lorsque dans son hymen son goût est combattu;
Que le dessein d'y vivre en honnête personne

---

**1.** *A quel sujet :* pour quel motif; **2.** *Sans doute :* assurément; **3.** *Attache :* attachement; **4.** *Au pays :* dans son pays; **5.** *Procédé :* manière d'agir; **6.** *Ennui* (sens fort) : douleur; **7.** Cette tirade, qui n'est pas dans le ton habituel à Dorine, était dite par Cléante, en 1667, et venait seulement à l'acte IV.

───────── **QUESTIONS** ─────────

● Vers 478-494. Contraste du vers 478 avec les précédents : à quoi voyez-vous que Dorine prend la direction de la conversation? La valeur de ses arguments. Pourquoi Orgon coupe-t-il Dorine justement au vers 485? Comment se mêlent en lui l'admiration pour la vertu chrétienne de pauvreté, les préjugés bourgeois et sa propre vanité?

510 Dépend des qualités du mari qu'on lui donne,
Et que ceux dont partout on montre au doigt le front
Font leurs femmes souvent ce qu'on voit qu'elles sont.
Il est bien difficile enfin d'être fidèle
A de certains maris faits d'un certain modèle,
515 Et qui donne à sa fille un homme qu'elle hait
Est responsable au ciel* des fautes qu'elle fait.
Songez à quels périls[1] votre dessein vous livre.

ORGON

Je vous dis qu'il me faut apprendre d'elle à vivre!

DORINE

Vous n'en feriez que mieux de suivre mes leçons.

ORGON, *à Mariane.*

520 Ne nous amusons point, ma fille, à ces chansons,
Je sais ce qu'il vous faut, et je suis votre père.
J'avais donné pour vous ma parole à Valère;
Mais, outre qu'à jouer on dit qu'il est enclin,
Je le soupçonne encor d'être un peu libertin[2]*;
525 Je ne remarque point qu'il hante les églises.

DORINE

Voulez-vous qu'il y coure à vos heures précises,
Comme ceux qui n'y vont que pour être aperçus?

ORGON

Je ne demande pas votre avis là-dessus.
Enfin avec le ciel* l'autre est le mieux du monde,
530 Et c'est une richesse à nulle autre seconde.
Cet hymen de tous biens comblera vos désirs,
Il sera tout confit[3] en douceurs et plaisirs.
Ensemble vous vivrez, dans vos ardeurs* fidèles,
Comme deux vrais enfants, comme deux tourterelles.
535 A nul fâcheux débat jamais vous n'en viendrez,

---

**1.** Les châtiments éternels; **2.** *Libertin :* voir vers 314 et la note; **3.** *Confit :* pénétré de.

--------- **QUESTIONS** ---------

● Vers 495-519. Quels sont les deux arguments de Dorine (vers 495-501 et 502-517)? — Le style de cette tirade; à quoi voit-on qu'elle est passée du rôle de Cléante à celui de Dorine? Démontrez que Dorine marque le premier point dans cette discussion (vers 519).

Et vous ferez de lui tout ce que vous voudrez.

DORINE

Elle? Elle n'en fera qu'un sot[1], je vous assure.

ORGON

Ouais! quels discours!

DORINE

Je dis qu'il en a l'encolure[2],
Et que son ascendant[3], monsieur, l'emportera
540 Sur toute la vertu que votre fille aura.

ORGON

Cessez de m'interrompre, et songez à vous taire,
Sans mettre votre nez où vous n'avez que faire.

DORINE

Je n'en parle, monsieur, que pour votre intérêt.
*(Elle l'interrompt toujours au moment qu'il se retourne*
*pour parler à sa fille.)*

ORGON

C'est prendre trop de soin; taisez-vous, s'il vous plaît.

DORINE

545 Si l'on ne vous aimait...

ORGON

Je ne veux pas qu'on m'aime.

DORINE

Et je veux vous aimer, monsieur, malgré vous-même.

ORGON

Ah!

---

1. *Sot :* mari trompé; 2. *Encolure :* allure, aspect; 3. *Ascendant :* ses aptitudes
à être trompé, qu'il tient de l'astre sous lequel il est né. (*Ascendant* se disait, en
astrologie, d'une planète ou d'un astre qui, en ascendance au moment de la naissance de quelqu'un, devait — croyait-on — influer sur sa destinée.)

━━━━━━ **QUESTIONS** ━━━━━━

● Vers 520-536. En quoi ce retour d'Orgon vers Mariane constitue-t-il
un aveu de défaite? L'accusation de libertinage, chez Orgon, n'est-elle
pas le suprême argument (voir vers 314)? Rapprochez les vers 526-527
des vers 283-284 et 289-290. Soulignez le comique des vers 529-536 :
analysez le mélange de sensualité et de dévotion qu'Orgon fait ici.

DORINE

Votre honneur m'est cher, et je ne puis souffrir
Qu'aux brocards d'un chacun vous alliez vous offrir.

ORGON

Vous ne vous tairez point?

DORINE

C'est une conscience[1]
550 Que de vous laisser faire une telle alliance.

ORGON

Te tairas-tu, serpent, dont les traits effrontés...

DORINE

Ah! vous êtes dévot, et vous vous emportez!

ORGON

Oui, ma bile s'échauffe à toutes ces fadaises,
Et tout résolument je veux que tu te taises.

DORINE

555 Soit. Mais, ne disant mot, je n'en pense pas moins.

ORGON

Pense, si tu le veux; mais applique tes soins
A ne m'en point parler ou... Suffit.

*(Se retournant vers sa fille.)*

Comme sage,
J'ai pesé mûrement toutes choses.

DORINE

J'enrage
De ne pouvoir parler.

*(Elle se tait lorsqu'il tourne la tête.)*

ORGON

Sans être damoiseau[2],
560 Tartuffe est fait de sorte...

---

1. *Une conscience :* un cas de conscience; 2. *Damoiseau :* jeune seigneur élégant; l'Académie dans son dictionnaire (1694) le signale comme vieilli.

--- **QUESTIONS** ---

● Vers 537-557. Le comique né du choc des vers 536 et 537. Quel nouveau mouvement comique se déclenche alors? Comparez l'attachement de Dorine à Orgon (vers 547-548) à celui de maître Jacques pour Harpagon. Marquez les changements de ton chez Orgon : fureur, contrition, abdication sur l'essentiel et menace vague.

DORINE

Oui, c'est un beau museau!

ORGON

Que, quand tu n'aurais même aucune sympathie
Pour tous les autres dons...
    *(Il se tourne devant elle et la regarde, les bras croisés.)*

DORINE

La voilà bien lotie!

Si j'étais en sa place, un homme, assurément,
Ne m'épouserait pas de force impunément,
565 Et je lui ferais voir, bientôt après la fête,
Qu'une femme a toujours une vengeance prête.

ORGON

Donc, de ce que je dis on ne fera nul cas[1]?

DORINE

De quoi vous plaignez-vous? Je ne vous parle pas.

ORGON

Qu'est-ce que tu fais donc?

DORINE

Je me parle à moi-même.

ORGON

570 Fort bien. Pour châtier son insolence extrême,
Il faut que je lui donne un revers de ma main.
    *(Il se met en posture de lui donner un soufflet; et Dorine,*
    *à chaque coup d'œil qu'il jette, se tient droite sans*
    *parler.)*
Ma fille, vous devez approuver mon dessein...
Croire que le mari... que j'ai su vous élire[2]...
    *(A Dorine.)*
Que ne te parles-tu?

---

1. Il s'agit de la défense qu'il lui a faite de parler; 2. *Elire* : choisir; ce mot se
disait « principalement des personnes » (*Dictionnaire de l'Académie*, 1694), et,
en 1676, le P. Bouhours le signalait comme « extrêmement vieux ».

— **QUESTIONS** —

● Vers 558-569. Le nouvel effet comique dans ce passage. Montrez-en
la valeur scénique; les apartés d'un personnage destinés à un autre
que lui-même ne sont-ils pas un procédé comique courant? Rapprochez
ce passage, à ce point de vue, d'*Amphitryon* (I, ii), de *l'Avare* (I, iii).

DORINE

Je n'ai rien à me dire.

ORGON

575 Encore un petit mot.

DORINE

Il ne me plaît pas, moi.

ORGON

Certes, je t'y guettais.

DORINE

Quelque sotte[1], ma foi!

ORGON

Enfin, ma fille, il faut payer d'obéissance,
Et montrer pour mon choix entière déférence.

DORINE, *en s'enfuyant.*

Je me moquerais[2] fort de prendre un tel époux.
*(Il lui veut donner un soufflet et la manque.)*

ORGON

580 Vous avez là, ma fille, une peste avec vous,
Avec qui sans péché* je ne saurais plus vivre.
Je me sens hors d'état maintenant de poursuivre;
Ses discours insolents m'ont mis l'esprit en feu,
Et je vais prendre l'air pour me rasseoir[3] un peu.

---

1. Il faudrait être *quelque sotte* pour le faire; 2. *Se moquer de :* refuser en ridiculisant; 3. *Se rasseoir :* retrouver son calme et son équilibre.

───────── **QUESTIONS** ─────────

● Vers 570-576. Le passage au comique de farce. Montrez que le comique de geste est lié ici à la psychologie des personnages; l'embarras d'Orgon (vers 572-573) ne souligne-t-il pas l'échec qu'il vient de subir?
● Vers 577-584. Pourquoi Orgon bâcle-t-il son entretien avec sa fille? Expliquez le vers 581 (rapprochez-le du vers 552). En quoi son attitude consacre-t-elle le triomphe de Dorine?
■ Sur l'ensemble de la scène II. — Les différentes manifestations du ridicule chez Orgon. Le comique de cette scène : comment passe-t-on progressivement de la comédie à la farce? La nécessité d'un épisode consacré au rire après la première scène de l'acte.
— Comparez Dorine face à Orgon à Toinette face à Argan, dans *le Malade imaginaire,* et à Sganarelle face à Dom Juan.
— Orgon, chef de famille : a-t-il autant d'autorité sur Dorine que sur Mariane? Montrez que cette situation traditionnelle chez les pères de comédie se justifie ici sur le plan psychologique.

## Scène III. — DORINE, MARIANE.

DORINE

585 Avez-vous donc perdu, dites-moi, la parole,
Et faut-il qu'en ceci je fasse votre rôle?
Souffrir qu'on vous propose un projet insensé
Sans que du moindre mot vous l'ayez repoussé!

MARIANE

Contre un père absolu que veux-tu que je fasse?

DORINE

590 Ce qu'il faut pour parer une telle menace.

MARIANE

Quoi?

DORINE

Lui dire qu'un cœur n'aime point par autrui;
Que vous vous mariez pour vous, non pas pour lui;
Qu'étant celle pour qui se fait toute l'affaire,
C'est à vous, non à lui, que le mari doit plaire,
595 Et que, si son Tartuffe est pour lui si charmant,
Il le peut épouser sans nul empêchement.

MARIANE

Un père, je l'avoue, a sur nous tant d'empire
Que je n'ai jamais eu la force de rien dire.

DORINE

Mais raisonnons. Valère a fait pour vous des pas[1] :
600 L'aimez-vous, je vous prie, ou ne l'aimez-vous pas?

MARIANE

Ah! qu'envers mon amour ton injustice est grande,
Dorine! Me dois-tu faire cette demande?
T'ai-je pas là-dessus ouvert cent fois mon cœur,
Et sais-tu pas pour lui jusqu'où va mon ardeur?

DORINE

605 Que sais-je si le cœur a parlé par la bouche,
Et si c'est tout de bon que cet amant vous touche?

_____

1. *Pas* : démarches.

MARIANE

Tu me fais un grand tort, Dorine, d'en douter,
Et mes vrais sentiments ont su trop éclater.

DORINE

Enfin, vous l'aimez donc?

MARIANE

Oui, d'une ardeur extrême.

DORINE

610 Et, selon l'apparence, il vous aime de même?

MARIANE

Je le crois.

DORINE

Et tous deux brûlez également
De vous voir mariés ensemble?

MARIANE

Assurément.

DORINE

Sur cette autre union quelle est donc votre attente[1]?

MARIANE

De me donner la mort, si l'on me violente[2].

DORINE

615 Fort bien. C'est un recours où[3] je ne songeais pas :
Vous n'avez qu'à mourir pour sortir d'embarras.
Le remède, sans doute, est merveilleux. J'enrage
Lorsque j'entends tenir ces sortes de langage.

MARIANE

Mon Dieu, de quelle humeur, Dorine, tu te rends!
620 Tu ne compatis point aux déplaisirs[4] des gens.

DORINE

Je ne compatis point à qui dit des sornettes,
Et dans l'occasion[5] mollit comme vous faites.

---

1. Que comptez-vous faire? 2. *Violenter* : exercer une contrainte; 3. *Où* : auquel (voir vers 437 et la note); 4. *Déplaisir* : désespoir; 5. *Occasion* : moment décisif (terme militaire).

MARIANE

Mais que veux-tu? Si j'ai de la timidité...

DORINE

Mais l'amour dans un cœur veut de la fermeté.

MARIANE

625 Mais n'en gardé-je pas pour les feux de Valère?
Et n'est-ce pas à lui de m'obtenir d'un père?

DORINE

Mais quoi! si votre père est un bourru fieffé[1],
Qui s'est de son Tartuffe entièrement coiffé
Et manque à l'union qu'il avait arrêtée[2],
630 La faute à votre amant doit-elle être imputée?

MARIANE

Mais, par un haut refus et d'éclatants mépris,
Ferai-je dans mon choix voir un cœur trop épris?
Sortirai-je pour lui, quelque éclat dont il brille,
De la pudeur du sexe et du devoir de fille?
635 Et veux-tu que mes feux par le monde étalés...

DORINE

Non, non, je ne veux rien. Je vois que vous voulez
Etre à monsieur Tartuffe, et j'aurais, quand j'y pense,
Tort de vous détourner d'une telle alliance.
Quelle raison aurais-je à combattre vos vœux?
640 Le parti, de soi-même, est fort avantageux.
Monsieur Tartuffe! Oh! oh! n'est-ce rien qu'on propose?
Certes monsieur Tartuffe, à bien prendre la chose,
N'est pas un homme, non, qui se mouche du pié[3],
Et ce n'est pas peu d'heur[4] que d'être sa moitié.
645 Tout le monde déjà de gloire le couronne;
Il est noble chez lui[5], bien fait de sa personne.
Il a l'oreille rouge et le teint bien fleuri :
Vous vivrez trop contente avec un tel mari.

MARIANE

Mon Dieu...

---

1. *Bourru* : extravagant; *fieffé* renforce l'appellation, comme si elle était un fief dont on pourvoit la personne; 2. *Arrêter* : voir vers 452 et la note; 3. *Pié* : orthographe tolérée en poésie, pour la rime; 4. *Heur* : chance; 5. *Chez lui* : dans sa province.

DORINE

Quelle allégresse aurez-vous dans votre âme
650 Quand d'un époux si beau vous vous verrez la femme!

MARIANE

Ah! cesse, je te prie, un semblable discours,
Et contre cet hymen ouvre-moi du secours.
C'en est fait, je me rends et suis prête à tout faire.

DORINE

Non, il faut qu'une fille obéisse à son père,
655 Voulût-il lui donner un singe pour époux.
Votre sort est fort beau, de quoi vous plaignez-vous?
Vous irez par le coche en sa petite ville,
Qu'en oncles et cousins vous trouverez fertile,
Et vous vous plairez fort à les entretenir.
660 D'abord chez le beau monde on vous fera venir;
Vous irez visiter, pour votre bienvenue,
Madame la baillive et madame l'élue[1],
Qui d'un siège pliant[2] vous feront honorer.
Là, dans le carnaval, vous pourrez espérer
665 Le bal et la grand-bande[3], à savoir deux musettes,
Et, parfois, Fagotin[4] et les marionnettes.
Si pourtant votre époux...

MARIANE

Ah! tu me fais mourir!
De tes conseils plutôt songe à me secourir.

DORINE

Je suis votre servante[5].

MARIANE

Eh! Dorine, de grâce...

DORINE

670 Il faut, pour vous punir, que cette affaire passe[6].

---

1. *Baillive* : féminin, burlesque selon certains, de *baillif*, ou *bailli*, fonctionnaire de justice. *Élu* : fonctionnaire subalterne, primitivement *élu* par les états généraux, puis nommé par le roi; il répartissait les impôts dans sa circonscription; 2. La nature du siège offert à une personne dans un salon était déterminée par sa condition sociale; un *siège pliant* ne se donnait qu'à une personne du dernier rang; 3. *La grand-bande* : les vingt-quatre violons du roi; l'expression est ici ironique, il ne s'agit que de « deux musettes »; 4. *Fagotin* : singe savant, célèbre à l'époque; 5. Expression de refus ironique (voir vers 409 et la note); 6. *Passer* : se faire.

MARIANE

Ma pauvre fille!

DORINE

Non.

MARIANE

Si mes vœux déclarés...

DORINE

Point. Tartuffe est votre homme, et vous en tâterez.

MARIANE

Tu sais qu'à toi toujours je me suis confiée.
Fais-moi...

DORINE

Non. Vous serez, ma foi, tartuffiée.

MARIANE

675 Hé bien! puisque mon sort ne saurait t'émouvoir,
Laisse-moi désormais toute à mon désespoir.
C'est de lui que mon cœur empruntera de l'aide,
Et je sais de mes maux l'infaillible remède.

*(Elle veut s'en aller.)*

DORINE

Hé! là, là, revenez, je quitte mon courroux.
680 Il faut nonobstant tout avoir pitié de vous.

MARIANE

Vois-tu, si l'on m'expose à ce cruel martyre,
Je te le dis, Dorine, il faudra que j'expire.

DORINE

Ne vous tourmentez point, on peut adroitement
Empêcher... Mais voici Valère, votre amant.

───────── QUESTIONS ─────────

■ SUR L'ENSEMBLE DE LA SCÈNE III. — Composition de cette scène :
ses différents mouvements, qui correspondent aux efforts progressifs
de Dorine pour convaincre Mariane.
— Le caractère de Mariane : le respect des convenances, mais aussi
le goût du romanesque. Comparez-la à d'autres jeunes filles de la bourgeoisie chez Molière (Élise, dans *l'Avare*, Henriette dans *les Femmes
savantes*) : ressemblances et différences.

## Scène IV. — VALÈRE, MARIANE, DORINE.

VALÈRE

685 On vient de débiter[1], madame[2], une nouvelle
Que je ne savais pas, et qui sans doute est belle.

MARIANE

Quoi!

VALÈRE

Que vous épousez Tartuffe.

MARIANE

Il est certain
Que mon père s'est mis en tête ce dessein.

VALÈRE

Votre père, madame...

MARIANE

A changé de visée.
690 La chose vient par lui de m'être proposée.

VALÈRE

Quoi! sérieusement?

MARIANE

Oui, sérieusement;
Il s'est pour cet hymen déclaré hautement.

VALÈRE

Et quel est le dessein où votre âme s'arrête,
Madame?

MARIANE

Je ne sais.

VALÈRE

La réponse est honnête[3]
695 Vous ne savez?

MARIANE

Non.

_____

1. *Débiter :* raconter, sans nuance défavorable; 2. *Madame :* titre que, par politesse, l'on donnait aux jeunes filles aussi bien qu'aux femmes de la bourgeoisie;
3. *Honnête :* aimable.

VALÈRE

Non?

MARIANE

Que me conseillez-vous?

VALÈRE

Je vous conseille, moi, de prendre cet époux.

MARIANE

Vous me le conseillez?

VALÈRE

Oui.

MARIANE

Tout de bon?

VALÈRE

Sans doute.
Le choix est glorieux et vaut bien qu'on l'écoute.

MARIANE

Hé bien, c'est un conseil, monsieur, que je reçois.

VALÈRE

700 Vous n'aurez pas grand-peine à le suivre, je crois.

MARIANE

Pas plus qu'à le donner en a souffert votre âme.

VALÈRE

Moi, je vous l'ai donné pour vous plaire, madame.

MARIANE

Et moi, je le suivrai pour vous faire plaisir.

DORINE, *à part*.

Voyons ce qui pourra de ceci réussir[1].

VALÈRE

705 C'est donc ainsi qu'on aime? et c'était tromperie,
Quand vous...

MARIANE

Ne parlons point de cela, je vous prie.

---

1. *Réussir* : résulter.

Vous m'avez dit tout franc que je dois accepter
Celui que pour époux on veut me présenter,
Et je déclare, moi, que je prétends le faire,
710 Puisque vous m'en donnez le conseil salutaire.

VALÈRE

Ne vous excusez point sur mes intentions :
Vous aviez pris déjà vos résolutions,
Et vous vous saisissez d'un prétexte frivole
Pour vous autoriser à manquer de parole.

MARIANE

715 Il est vrai, c'est bien dit.

VALÈRE

          Sans doute, et votre cœur
N'a jamais eu pour moi de véritable ardeur.

MARIANE

Hélas ! permis à vous d'avoir cette pensée.

VALÈRE

Oui, oui, permis à moi ; mais mon âme offensée
Vous préviendra[1] peut-être en un pareil dessein :
720 Et je sais où porter et mes vœux et ma main.

MARIANE

Ah ! je n'en doute point ; et les ardeurs qu'excite
Le mérite...

VALÈRE

        Mon Dieu, laissons là le mérite :
J'en ai fort peu, sans doute, et vous en faites foi ;
Mais j'espère aux bontés qu'une autre aura pour moi,
725 Et j'en sais de qui l'âme, à ma retraite ouverte[2],
Consentira sans honte à réparer ma perte[3].

MARIANE

La perte n'est pas grande, et de ce changement
Vous vous consolerez assez facilement...

VALÈRE

J'y ferai mon possible, et vous le pouvez croire.

_____

1. *Prévenir :* devancer ; 2. Qui m'accueillera quand je me serai séparé de vous ;
3. *Ma perte :* la perte que je fais de vous.

730 Un cœur qui nous oublie engage notre gloire[1] :
Il faut à l'oublier mettre aussi tous nos soins.
Si l'on n'en vient à bout, on le doit feindre au moins;
Et cette lâcheté jamais ne se pardonne
De montrer de l'amour pour qui nous abandonne.

MARIANE

735 Ce sentiment sans doute est noble et relevé.

VALÈRE

Fort bien, et d'un chacun[2] il doit être approuvé.
Hé quoi? vous voudriez qu'à jamais dans mon âme
Je gardasse pour vous les ardeurs de ma flamme[3],
Et vous visse à mes yeux passer en d'autres bras,
740 Sans mettre ailleurs un cœur dont vous ne voulez pas?

MARIANE

Au contraire, pour moi, c'est ce que je souhaite,
Et je voudrais déjà que la chose fût faite.

VALÈRE

Vous le voudriez?

MARIANE

Oui.

VALÈRE

C'est assez m'insulter,
Madame, et de ce pas je vais vous contenter.
*(Il fait un pas pour s'en aller et revient toujours.)*

MARIANE

745 Fort bien.

VALÈRE

Souvenez-vous au moins que c'est vous-même
Qui contraignez mon cœur à cet effort[4] extrême.

MARIANE

Oui.

VALÈRE

Et que le dessein que mon âme conçoit
N'est rien qu'à votre exemple[5].

---

1. Met en cause notre réputation; 2. *Un chacun :* voir vers 137 et la note;
3. *Flamme* (terme précieux) : amour; 4. *Effort :* action énergique; 5. Et que ma
décision n'est prise qu'à la suite de la vôtre.

MARIANE

A mon exemple, soit.

VALÈRE

Suffit; vous allez être à point nommé servie.

MARIANE

750 Tant mieux.

VALÈRE

Vous me voyez, c'est pour toute ma vie[1].

MARIANE

A la bonne heure!

VALÈRE *s'en va, et, lorsqu'il est vers la porte, il se retourne.*
Euh?

MARIANE

Quoi?

VALÈRE

Ne m'appelez-vous pas?

MARIANE

Moi! vous rêvez.

VALÈRE

Hé bien, je poursuis donc mes pas.
Adieu, madame.

MARIANE

Adieu, monsieur.

DORINE

Pour moi, je pense
Que vous perdez l'esprit par cette extravagance,
755 Et je vous ai laissé[2] tout du long quereller[3],
Pour voir où tout cela pourrait enfin aller.
Holà! seigneur Valère.
*(Elle va l'arrêter par le bras, et Valère fait mine de
grande résistance.)*

---

1. C'est la dernière fois que vous me voyez; 2. *Laissé* : sans accord; la règle
d'accord des participes n'était pas encore rigoureuse; 3. *Quereller* : vous quereller.

VALÈRE

Hé! que veux-tu, Dorine?

DORINE

Venez ici.

VALÈRE

Non, non, le dépit me domine.
Ne me détourne point de ce qu'elle a voulu.

DORINE

760 Arrêtez.

VALÈRE

Non, vois-tu, c'est un point résolu.

DORINE

Ah!

MARIANE

Il souffre à me voir, ma présence le chasse,
Et je ferai bien mieux de lui quitter[1] la place.

DORINE *quitte Valère et court à Mariane.*

A l'autre! où courez-vous?

MARIANE

Laisse.

DORINE

Il faut revenir.

MARIANE

Non, non, Dorine, en vain tu veux me retenir.

VALÈRE

765 Je vois bien que ma vue est pour elle un supplice,
Et sans doute il vaut mieux que je l'en affranchisse.

DORINE, *elle quitte Mariane et court à Valère.*

Encor? Diantre soit fait de vous si je le veux[2]!

---

**1.** *Quitter :* céder; **2.** Le sens assez obscur de ce vers est controversé; on a même proposé une modification de la ponctuation : « Encor ? Diantre soit fait de vous! Si... Je le veux! » *Diantre* est une altération de *diable ;* l'expression signifierait : « Que le diable vous emporte si j'y consens » (*y :* que vous l'en affranchissiez).

Cessez ce badinage[1], et venez çà tous deux.
*(Elle les tire l'un et l'autre.)*

VALÈRE

Mais quel est ton dessein?

MARIANE

Qu'est-ce que tu veux faire?

DORINE

770 Vous bien remettre ensemble et vous tirer d'affaire.
*(A Valère.)*
Êtes-vous fou d'avoir un pareil démêlé?

VALÈRE

N'as-tu pas entendu comme elle m'a parlé?

DORINE, *à Mariane.*

Êtes-vous folle, vous, de vous être emportée?

MARIANE

N'as-tu pas vu la chose, et comme il m'a traitée?

DORINE, *à Valère.*

775 Sottise des deux parts. Elle n'a d'autre soin[2]
Que de se conserver à vous, j'en suis témoin.
*(A Mariane.)*
Il n'aime que vous seule, et n'a point d'autre envie
Que d'être votre époux, j'en réponds sur ma vie.

MARIANE

Pourquoi donc me donner un semblable conseil?

VALÈRE

780 Pourquoi m'en demander sur un sujet pareil?

DORINE

Vous êtes fous tous deux. Çà, la main, l'un et l'autre.
*(A Valère.)*
Allons, vous.

VALÈRE, *en donnant sa main à Dorine.*

A quoi bon ma main?

---

1. Badinage : voir vers 313 et la note; 2. *Soin* : souci.

DORINE, *à Mariane.*

Ah! çà, la vôtre.

MARIANE, *en donnant aussi sa main.*

De quoi sert tout cela?

DORINE

Mon Dieu! vite, avancez.
Vous vous aimez tous deux plus que vous ne pensez.

VALÈRE, *à Mariane.*

785 Mais ne faites donc point les choses avec peine,
Et regardez un peu les gens sans nulle haine.
*(Mariane tourne l'œil sur Valère et fait un petit souris.)*

DORINE

A vous dire le vrai, les amants sont bien fous!

VALÈRE

Oh çà! n'ai-je pas lieu de me plaindre de vous?
Et, pour n'en point mentir, n'êtes-vous pas méchante
790 De vous plaire à me dire une chose affligeante?

MARIANE

Mais vous, n'êtes-vous pas l'homme le plus ingrat...

DORINE

Pour une autre saison[1] laissons tout ce débat,
Et songeons à parer ce fâcheux mariage.

MARIANE

Dis-nous donc quels ressorts il faut mettre en usage.

DORINE

795 Nous en ferons agir de toutes les façons.
Votre père se moque, et ce sont des chansons.
Mais, pour vous, il vaut mieux qu'à son extravagance
D'un doux consentement vous prêtiez l'apparence,
Afin qu'en cas d'alarme il vous soit plus aisé
800 De tirer en longueur cet hymen proposé.
En attrapant du temps à tout on remédie.
Tantôt vous payerez[2] de quelque maladie
Qui viendra tout à coup et voudra des délais,

---

1. *Saison :* moment; 2. *Payer :* donner comme prétexte.

« Vous êtes donc bien tendre à la tentation,
Et la chair sur vos sens fait grande impression! »   (Vers 863-864.)

BÉATRICE BRETTY (Dorine) et FERNAND LEDOUX (Tartuffe), À LA COMÉDIE FRANÇAISE

Tantôt vous payerez de présages mauvais :
805 Vous aurez fait d'un mort la rencontre fâcheuse,
Cassé quelque miroir, ou songé d'eau bourbeuse.
Enfin, le bon de tout, c'est qu'à d'autres qu'à lui
On ne vous peut lier que[1] vous ne disiez oui.
Mais, pour mieux réussir, il est bon, ce me semble,
810 Qu'on ne vous trouve point tous deux parlant ensemble.
    *(A Valère.)*
Sortez, et sans tarder, employez vos amis,
Pour vous faire tenir[2] ce qu'on vous a promis.
Nous allons réveiller les efforts de son frère,
Et dans notre parti jeter la belle-mère.
815 Adieu.

                VALÈRE, *à Mariane.*

    Quelques efforts que nous préparions tous,
Ma plus grande espérance, à vrai dire, est en vous.

                MARIANE, *à Valère.*

Je ne vous réponds pas des volontés d'un père;
Mais je ne serai point à d'autre qu'à Valère.

                VALÈRE

Que vous me comblez d'aise! et, quoi que puisse oser...

                DORINE

820 Ah! jamais les amants ne sont las de jaser.
Sortez, vous dis-je.

            VALÈRE *fait un pas et revient.*

            Enfin...

                DORINE

                Quel caquet est le vôtre!
    *(Les poussant chacun par l'épaule.)*
Tirez de cette part[3], et vous, tirez de l'autre.

---

1. *Que :* à moins que; 2. Pour qu'ils vous fassent obtenir; 3. Allez de ce côté.

━━━━━━━━━━━━━ QUESTIONS ━━━━━━━━━━━━━

■ SUR L'ENSEMBLE DE LA SCÈNE IV. — Les différents moments de cette scène de dépit amoureux. Les éléments comiques et psychologiques traditionnels dans une scène de ce genre; son originalité (comparez avec *le Dépit amoureux*, IV, III et *le Bourgeois gentilhomme*, III, x). Cette scène est-elle un hors-d'œuvre? Rattachez-la à l'action; qu'apporte-t-elle sur les caractères?
■ Pour les questions relatives à l'ensemble de l'acte II, voir page suivante.

# ACTE III

### Scène première. — DAMIS, DORINE.

DAMIS

Que la foudre sur l'heure achève mes destins,
Qu'on me traite partout du plus grand des faquins[1],
825 S'il est aucun respect ni pouvoir qui m'arrête,
Et si je ne fais pas quelque coup de ma tête.

DORINE

De grâce, modérez un tel emportement;
Votre père n'a fait qu'en parler simplement;
On n'exécute pas tout ce qui se propose,
830 Et le chemin est long du projet à la chose.

DAMIS

Il faut que de ce fat[2] j'arrête les complots,
Et qu'à l'oreille un peu je lui dise deux mots.

DORINE

Ah! tout doux! envers lui, comme envers votre père,
Laissez agir les soins de votre belle-mère.
835 Sur l'esprit de Tartuffe elle a quelque crédit;
Il se rend complaisant à tout ce qu'elle dit,
Et pourrait bien avoir douceur de cœur[3] pour elle.

---

1. *Faquin* (de l'italien *facchino*, qui signifie « portefaix ») : individu méprisable;
2. *Fat* : voir vers 203 et la note; 3. *Douceur de cœur* : un sentiment tendre.

─────── **QUESTIONS** ───────

■ Sur l'ensemble de l'acte II. — En quoi peut-on dire que c'est l'acte de Dorine? L'action a-t-elle progressé? Les éléments nouveaux. Dressez le bilan des inquiétudes et des éléments qui justifient l'optimisme.

— Comparez avec le premier acte. Montrez que la présence invisible de Tartuffe crée l'unité de toute cette première partie de la pièce. Le spectateur est-il prêt maintenant à accueillir l'hypocrite en pleine connaissance de cause?

— On a reproché à Molière d'avoir artificiellement allongé cet acte, en particulier avec la scène IV. Cette « comédie dans la comédie » rompt-elle le mouvement de l'ensemble?

● Vers 823-832. Le caractère de Damis (revoir les vers 55-60); devine-t-on les motifs de cette nouvelle colère? — Comparez l'attitude de Dorine à l'égard de Damis, ici, et à l'égard de Mariane (II, III).

Plût à Dieu qu'il[1] fût vrai! la chose serait belle!
Enfin votre intérêt[2] l'oblige à le mander[3] ;
840 Sur l'hymen qui vous trouble elle veut le sonder,
Savoir ses sentiments, et lui faire connaître
Quels fâcheux démêlés il pourra faire naître,
S'il faut qu'à ce dessein il prête quelque espoir[4].
Son valet dit qu'il prie, et je n'ai pu le voir ;
845 Mais ce valet m'a dit qu'il s'en allait descendre.
Sortez donc, je vous prie, et me laissez l'attendre.

DAMIS

Je puis être présent à tout cet entretien.

DORINE

Point : il faut qu'ils soient seuls.

DAMIS

Je ne lui dirai rien.

DORINE

Vous vous moquez : on sait vos transports[5] ordinaires,
850 Et c'est le vrai moyen de gâter les affaires.
Sortez.

DAMIS

Non, je veux voir sans me mettre en courroux.

DORINE

Que vous êtes fâcheux! Il vient, retirez-vous.

Scène II. — TARTUFFE, LAURENT, DORINE.

TARTUFFE, *apercevant Dorine.*
Laurent, serrez[6] ma haire* avec ma discipline*,

---

1. *Il :* cela ; 2. *Votre intérêt :* l'intérêt qu'Elmire vous porte ; 3. *Mander :* faire venir ; 4. S'il veut encourager Orgon dans la poursuite de ce dessein ; 5. *Transports :* manifestations violentes des passions de l'âme ; 6. *Serrer :* ranger.

■ QUESTIONS

● Vers 833-846. Les éléments essentiels de cette tirade. L'importance du rôle d'Elmire dans le plan de Dorine. L'intérêt du vers 844 pour le déroulement de l'action.
● Vers 847-852. Relevez les formules impératives dans le rôle de Dorine. Quel rôle a-t-elle conscience de jouer? Croyez-vous Damis capable de tenir la parole du vers 851?
■ Sur l'ensemble de la scène première. — Que s'est-il passé durant l'entracte? La continuité de l'action de l'acte II à l'acte III. Pourquoi Dorine n'a-t-elle, dans son plan (I, v), attribué aucun rôle à Damis?

Et priez que toujours le ciel* vous illumine.
855 Si l'on vient pour me voir, je vais aux prisonniers
Des aumônes* que j'ai partager les deniers.

DORINE

Que d'affectation et de forfanterie!

TARTUFFE

Que voulez-vous?

DORINE

Vous dire...

TARTUFFE, *il tire un mouchoir de sa poche.*

Ah! mon Dieu, je vous prie,
Avant que de parler, prenez-moi ce mouchoir.

DORINE

860 Comment?

TARTUFFE

Couvrez ce sein que je ne saurais voir.
Par de pareils objets¹ les âmes* sont blessées,
Et cela fait venir de coupables pensées*.

DORINE

Vous êtes donc bien tendre à la tentation*,
Et la chair* sur vos sens fait grande impression!
865 Certes, je ne sais pas quelle chaleur vous monte,
Mais à convoiter, moi, je ne suis point si prompte,
Et je vous verrais nu du haut jusques en bas
Que toute votre peau ne me tenterait pas.

TARTUFFE

Mettez dans vos discours un peu de modestie²,

---

1. *Objet :* ce qui se présente à la vue; 2. *Modestie :* voir vers 293 et la note.

--- **QUESTIONS** ---

● Vers 853-857. Valeur dramatique, psychologique et comique de l'entrée en scène de Tartuffe; rapprochez l'indication *apercevant Dorine* des vers qu'il prononce. Montrez que le vers 857 est significatif de l'attitude de Dorine à l'égard de Tartuffe.
● Vers 858-868. « Les gens du Saint-Sacrement sont grands visiteurs de prisons, et, de plus, [...] ils dénoncent l'*immodestie* des toilettes... » (R. Allier, *la Cabale des dévots*). Quelle était donc la réaction des spectateurs de l'époque devant l'entrée de Tartuffe? Qu'apporte cette précision pour nous maintenant? La mise au moint de Dorine (vers 863-868). Montrez que son bon sens frappe toujours juste (comparez son attitude ici et envers Orgon, aux vers 551-552).

870 Ou je vais sur-le-champ vous quitter[1] la partie.

DORINE

Non, non, c'est moi qui vais vous laisser en repos,
Et je n'ai seulement qu'à vous dire deux mots.
Madame va venir dans cette salle basse[2]
Et d'un mot d'entretien vous demande la grâce.

TARTUFFE

875 Hélas! très volontiers.

DORINE, *en soi-même.*

Comme il se radoucit!
Ma foi, je suis toujours pour ce que j'en ai dit[3].

TARTUFFE

Viendra-t-elle bientôt?

DORINE

Je l'entends, ce me semble.
Oui, c'est elle en personne, et je vous laisse ensemble.

SCÈNE III. — ELMIRE, TARTUFFE.

TARTUFFE

Que le ciel* à jamais, par sa toute bonté,
880 Et de l'âme* et du corps vous donne la santé,
Et bénisse* vos jours autant que le désire
Le plus humble* de ceux que son amour inspire!

ELMIRE

Je suis fort obligée à ce souhait pieux;

---

1. *Quitter :* voir vers 762 et la note; 2. *Salle basse :* nom du salon situé d'ordinaire au rez-de-chaussée; 3. Voir vers 837.

──────── **QUESTIONS** ────────

● VERS 869-878. L'habileté des vers 869-870, caractéristiques du personnage. Le double sens du vers 871. Montrez que la réponse de Tartuffe (vers 875) marque son désarroi : quels sentiments se disputent son âme ici? Commentez le vers 876. L'importance de l'empressement manifesté par Tartuffe au vers 877.

■ SUR L'ENSEMBLE DE LA SCÈNE II. — L'entrée en scène de Tartuffe déçoit-elle notre longue attente? Sainte-Beuve écrivait (*Port-Royal*, III) : « Ce *Laurent, serrez ma haire...* est le plus admirable début dramatique et comique qui se puisse inventer. » Croyez-vous, avec La Bruyère, dans son portrait d'Onuphre (*Caractères*, XIII, 24), que ce premier vers soit forcé? Essayez d'imaginer l'importance de la mise en scène et du talent de l'acteur pour la réussite de cette entrée. Analysez le comique : le ridicule de Tartuffe, la vigueur saine de Dorine. L'art de Molière, qui a su nous préparer à ce genre de situation.

Mais prenons une chaise afin d'être un peu mieux.

TARTUFFE

885 Comment de votre mal vous sentez-vous remise?

ELMIRE

Fort bien, et cette fièvre a bientôt quitté prise.

TARTUFFE

Mes prières\* n'ont pas le mérite qu'il faut
Pour avoir attiré cette grâce\* d'en haut,
Mais je n'ai fait au ciel nulle dévote instance\*
890 Qui n'ait eu pour objet votre convalescence.

ELMIRE

Votre zèle\* pour moi s'est trop inquiété.

TARTUFFE

On ne peut trop chérir votre chère santé,
Et pour la rétablir j'aurais donné la mienne.

ELMIRE

C'est pousser bien avant la charité\* chrétienne,
895 Et je vous dois beaucoup pour toutes ces bontés.

TARTUFFE

Je fais bien moins pour vous que vous ne méritez.

ELMIRE

J'ai voulu vous parler en secret d'une affaire,
Et suis bien aise ici qu'aucun ne nous éclaire¹.

TARTUFFE

J'en suis ravi de même, et sans doute il m'est doux,
900 Madame, de me voir seul à seul avec vous.
C'est une occasion qu'au ciel\* j'ai demandée,
Sans que jusqu'à cette heure il me l'ait accordée.

ELMIRE

Pour moi, ce que je veux, c'est un mot d'entretien
Où tout votre cœur s'ouvre et ne me cache rien.

---

1. *Éclairer* : espionner.

---

**QUESTIONS**

● Vers 879-896. L'entrée en matière de Tartuffe : sa prudence (banalité du propos) et son habileté. Quel sentiment déjà transparaît derrière sa politesse? Soulignez la réserve d'Elmire dans ses réponses. L'aisance de Tartuffe à manier le langage dévot; la préciosité des vers 892-893.

TARTUFFE

905 Et je ne veux aussi, pour grâce* singulière,
Que montrer à vos yeux mon âme tout entière,
Et vous faire serment que les bruits[1] que j'ai faits
Des visites qu'ici reçoivent vos attraits
Ne sont pas envers vous l'effet d'aucune[2] haine,
910 Mais plutôt d'un transport de zèle[3]* qui m'entraîne
Et d'un pur mouvement...

ELMIRE

Je le prends bien aussi,
Et crois que mon salut* vous donne ce souci.

TARTUFFE, *il lui serre le bout des doigts.*
Oui, madame, sans doute, et ma ferveur* est telle...

ELMIRE

Ouf! vous me serrez trop.

TARTUFFE

C'est par excès de zèle*.
915 De vous faire aucun[4] mal je n'eus jamais dessein,
Et j'aurais bien plutôt...
*(Il lui met la main sur le genou.)*

ELMIRE

Que fait là votre main?

TARTUFFE

Je tâte votre habit; l'étoffe en est moelleuse.

ELMIRE

Ah! de grâce, laissez; je suis fort chatouilleuse.
*(Elle recule sa chaise, et Tartuffe rapproche la sienne.)*

TARTUFFE

Mon Dieu! que de ce point[5] l'ouvrage est merveilleux!

---

1. *Bruits* : critiques formulées publiquement; 2. *Aucune* : employé avec *ne...*
*pas* sans que la proposition soit incorrecte; à l'origine, en effet, *aucun* est positif
avec la valeur de *quelque* ; 3. *Transport de zèle* : manifestation d'une ardente passion
(expression mystique transposée dans un sens profane, comme tant d'autres ici);
4. *Aucun* : leçon de toutes les éditions à partir de juin 1669; l'édition originale
portait *autre*, ce qui n'a aucun sens; 5. *Point* : dentelle de fil, faite à l'aiguille.

---

**QUESTIONS**

● Vers 897-912. En quoi les premiers mots d'Elmire peuvent-ils induire
Tartuffe en erreur (vers 897-898; 903-904)? Le comique des vers 901-
902. L'habileté des vers 907-911. Soulignez le contraste comique de
cette explication avec l'interprétation qu'en donne Madame Pernelle
(vers 145 et suivants). Pourquoi Elmire coupe-t-elle la réplique de
Tartuffe (vers 911-912)?

920 On travaille aujourd'hui d'un air[1] miraculeux;
  Jamais en toute chose on n'a vu si bien faire.

#### ELMIRE

Il est vrai. Mais parlons un peu de notre affaire.
On tient que mon mari veut dégager sa foi[2]
Et vous donner sa fille : est-il[3] vrai, dites-moi?

#### TARTUFFE

925 Il m'en a dit deux mots; mais, madame, à vrai dire,
  Ce n'est pas le bonheur après quoi je soupire,
  Et je vois autre part les merveilleux attraits
  De la félicité* qui fait tous mes souhaits.

#### ELMIRE

C'est que vous n'aimez rien des choses de la terre*.

#### TARTUFFE

930 Mon sein n'enferme pas un cœur qui soit de pierre.

#### ELMIRE

Pour moi, je crois qu'au ciel* tendent tous vos soupirs,
Et que rien ici-bas* n'arrête vos désirs.

#### TARTUFFE

L'amour qui nous attache aux beautés éternelles*
N'étouffe pas en nous l'amour des temporelles*,
935 Nos sens facilement peuvent être charmés[4]
  Des ouvrages parfaits que le ciel* a formés.
  Ses attraits réfléchis[5] brillent dans vos pareilles,
  Mais il étale en vous ses plus rares merveilles.
  Il a sur votre face* épanché des beautés
940 Dont les yeux sont surpris et les cœurs transportés*;
  Et je n'ai pu vous voir, parfaite créature*,
  Sans admirer en vous l'auteur de la nature*,

---

1. *Air :* façon; 2. *Foi :* voir vers 415 et la note; 3. *Il :* ce (voir vers 838 et la note);
4. *Charmé :* voir vers 270 et la note; 5. *Réfléchi :* reflété.

————— **QUESTIONS** —————

● Vers 913-921. Le contraste entre les gestes et les paroles de Tartuffe :
celui-ci agit-il consciemment? Le comique des justifications qu'il donne
à ses attitudes. Quels sont les sentiments d'Elmire?
● Vers 922-932. En quoi les vers 922-924 justifient-ils les précautions
d'Elmire (vers 897-898)? Les conditions sont-elles favorables à une
négociation? Pourquoi Tartuffe est-il pris au piège (vers 925-928)?
Comment Elmire prend-elle l'avantage au vers 929? Expliquez l'incon-
fort croissant de la position de Tartuffe. Est-il encore maître de la situation?

Et d'une ardente amour[1] sentir mon cœur atteint
Au[2] plus beau des portraits où lui-même il s'est peint.
945 D'abord j'appréhendai que cette ardeur\* secrète
Ne fût du noir esprit\* une surprise adroite[3],
Et même à fuir vos yeux mon cœur se résolut,
Vous croyant un obstacle à faire mon salut\*.
Mais enfin je connus[4], ô beauté toute aimable,
950 Que cette passion peut n'être point coupable;
Que je puis l'ajuster avecque la pudeur,
Et c'est ce qui m'y fait abandonner mon cœur.
Ce m'est, je le confesse, une audace bien grande
Que d'oser de ce cœur vous adresser l'offrande\*;
955 Mais j'attends en mes vœux tout de votre bonté,
Et rien des vains efforts de mon infirmité\*.
En vous est mon espoir, mon bien, ma quiétude\* :
De vous dépend ma peine ou ma béatitude\* :
Et je vais être enfin, par votre seul arrêt[5],
960 Heureux, si vous voulez, malheureux, s'il vous plaît.

ELMIRE

La déclaration est tout à fait galante;
Mais elle est, à vrai dire, un peu bien surprenante.
Vous deviez[6], ce me semble, armer mieux votre sein[7]
Et raisonner un peu sur un pareil dessein.

---

1. *Amour* : féminin et masculin, au singulier, sont encore concurrents au XVIIe siècle; 2. *Au* : devant le; 3. *Adroite* : au XVIIe siècle, se prononçait *adrète*; ainsi, la rime avec *secrète* est bonne; 4. *Connaître* : reconnaître; 5. *Arrêt* : décision (voir vers 452 et la note); 6. *Vous deviez* : vous auriez dû; 7. *Sein* : cœur, siège des sentiments.

---

**QUESTIONS**

● VERS 933-960. La composition de cette tirade : montrez que cette déclaration d'amour est, pour le fond, menée selon les règles de la galanterie de l'époque; quels sentiments Tartuffe veut-il successivement faire naître chez Elmire? — Comment Tartuffe justifie-t-il sa passion amoureuse en l'accordant à sa dévotion? La définition de l'amour mystique (vers 933-944); la lutte intérieure (vers 945-952); la joie de l'âme (vers 953-960). Quelle forme de casuistique est utilisée par Tartuffe? — Étudiez le vocabulaire : comment le vocabulaire religieux et liturgique est-il constamment utilisé pour exprimer une passion charnelle? Ce langage révèle-t-il l'habileté d'un Tartuffe désireux de séduire la vertueuse Elmire par un feint idéalisme, ou la prudence du faux dévot, soucieux de ne pas se démasquer par des paroles profanes? — Si l'on détache cette tirade de son contexte et du personnage qui le prononce, ne comporte-t-elle pas une certaine beauté poétique?
● VERS 961-965. L'habileté d'Elmire : sa protestation modérée peut-elle encourager Tartuffe? Aurait-il été adroit de sa part soit de témoigner de l'indignation, soit d'avoir l'air d'entrer dans le jeu de Tartuffe?

« Ah! mon Dieu je vous prie,
Avant que de parler, prenez-moi ce mouchoir. »  (Vers 858-859.)

LOUIS JOUVET (Tartuffe) ET GABRIELLE DORZIAT (Dorine)
AU THÉÂTRE DE L'ATHÉNÉE (1950)

Frontispice du XVIIe siècle pour une édition du *Tartuffe*.

965 Un dévot comme vous, et que partout on nomme...

TARTUFFE

Ah! pour être dévot, je n'en suis pas moins homme;
Et lorsqu'on vient à voir vos célestes appas,
Un cœur se laisse prendre et ne raisonne pas.
Je sais qu'un tel discours de moi paraît étrange;
970 Mais, madame, après tout, je ne suis pas un ange,
Et, si vous condamnez l'aveu que je vous fais,
Vous devez vous en prendre à vos charmants[1] attraits.
Dès que j'en vis briller la splendeur plus qu'humaine,
De mon intérieur vous fûtes souveraine.
975 De vos regards divins l'ineffable* douceur
Força la résistance où s'obstinait mon cœur;
Elle surmonta tout, jeûnes*, prières*, larmes*,
Et tourna tous mes vœux du côté de vos charmes.
Mes yeux et mes soupirs vous l'ont dit mille fois,
980 Et pour mieux m'expliquer j'emploie ici la voix.
Que si[2] vous contemplez d'une âme un peu bénigne*
Les tribulations[3]* de votre esclave indigne*,
S'il faut que vos bontés veuillent me consoler
Et jusqu'à mon néant* daignent se ravaler,
985 J'aurai toujours pour vous, ô suave* merveille,
Une dévotion* à nulle autre pareille.
Votre honneur avec moi ne court point de hasard
Et n'a nulle disgrâce[4] à craindre de ma part.
Tous ces galants de cour dont les femmes sont folles
990 Sont bruyants dans leurs faits et vains dans leurs paroles;
De leurs progrès sans cesse on les voit se targuer;
Ils n'ont point de faveurs qu'ils n'aillent divulguer,
Et leur langue indiscrète, en qui l'on se confie,
Déshonore l'autel où leur cœur sacrifie[5].
995 Mais les gens comme nous brûlent d'un feu discret,
Avec qui pour toujours on est sûr du secret.
Le soin que nous prenons de notre renommée
Répond de toute chose à la personne aimée,
Et c'est en nous qu'on trouve, acceptant notre cœur,

---

1. *Charmants* (sens fort) : ensorceleurs; 2. *Que si* : et si; tour de rhétorique; 3. *Tribulations* : malheurs, adversités. Le mot est aussi souvent utilisé dans la langue religieuse pour définir la malheureuse condition de l'homme sur la terre; 4. *Disgrâce* : déception; 5. Cette sortie contre les *galants de cour* et *leur langue indiscrète* se retrouve dans la bouche d'autres personnages de Molière : Arnolphe, dans l'*Ecole des femmes* (III, i), Frosine, dans l'*Avare* (II, v); cette indiscrétion est un des ressorts du *Misanthrope* (III, i et V, iv).

1000 De l'amour sans scandale* et du plaisir sans peur.

ELMIRE

Je vous écoute dire, et votre rhétorique
En termes assez forts à mon âme s'explique.
N'appréhendez-vous point que je ne sois d'humeur
A dire à mon mari cette galante ardeur,
1005 Et que le prompt avis d'un amour de la sorte
Ne pût bien altérer l'amitié qu'il vous porte?

TARTUFFE

Je sais que vous avez trop de bénignité*,
Et que vous ferez grâce à ma témérité;
Que vous m'excuserez sur l'humaine faiblesse*
1010 Des violents transports[1] d'un amour qui vous blesse,
Et considérerez, en regardant votre air,
Que l'on n'est pas aveugle, et qu'un homme est de chair.

ELMIRE

D'autres prendraient cela d'autre façon peut-être;
Mais ma discrétion se veut faire paraître.
1015 Je ne redirai point l'affaire à mon époux;
Mais je veux en revanche une chose de vous :
C'est de presser tout franc, et sans nulle chicane,
L'union de Valère avecque Mariane;
De renoncer vous-même à l'injuste pouvoir[2]

---

1. *Transports :* voir vers 849 et la note; 2. *L'injuste pouvoir :* le bénéfice de l'injustice d'Orgon, usant de la puissance paternelle.

——————— QUESTIONS ———————

● VERS 966-1000. Composition de la tirade. En quel sens progresse la déclaration de Tartuffe, surtout à partir des vers 987-988? La structure antithétique des vers 989-1000 : comment s'explique le mépris de Tartuffe pour les galants de cour? — Le cynisme de Tartuffe : en quoi le personnage devient-il odieux et même effrayant? En se démasquant ainsi, perd-il le contrôle de lui-même ou se croit-il assez sûr d'Elmire pour dévoiler le fond de ses pensées? — Le machiavélisme de Tartuffe : comment transparaît la joie méchante d'humilier encore davantage Orgon, tout en affermissant sa position chez celui-ci? — Comparez, au point de vue du vocabulaire et du style, cette tirade à la précédente : que reste-t-il du langage mystique? de la préciosité galante?

● VERS 1001-1020. Le changement de ton marqué par Elmire (vers 1001) : comment Elmire pense-t-elle prendre l'avantage sur Tartuffe? Sa menace est-elle grave? — Tartuffe est-il décontenancé? Par quel chantage moral veut-il faire pièce à Elmire? Elmire avait-elle prévu que l'entretien avec Tartuffe aboutirait à ce résultat? — Pourquoi Molière interrompt-il ici la scène? Qu'aurait répondu Tartuffe aux propositions d'Elmire?

1020 Qui veut du bien d'un autre¹ enrichir votre espoir;
Et...

## Scène IV. — ELMIRE, DAMIS, TARTUFFE.

DAMIS, *sortant du petit cabinet où il s'était retiré.*

Non, madame, non, ceci doit se répandre.
J'étais en cet endroit, d'où j'ai pu tout entendre,
Et la bonté du ciel* m'y semble avoir conduit
Pour confondre l'orgueil d'un traître qui me nuit,
1025 Pour m'ouvrir une voie à prendre la vengeance
De son hypocrisie et de son insolence,
A détromper mon père et lui mettre en plein jour
L'âme d'un scélérat qui vous parle d'amour.

ELMIRE

Non, Damis, il suffit qu'il se rende plus sage,
1030 Et tâche à mériter la grâce où² je m'engage.
Puisque je l'ai promis, ne m'en dédites pas.
Ce n'est point mon humeur de faire des éclats;
Une femme se rit de sottises pareilles
Et jamais d'un mari n'en trouble les oreilles.

---

1. *Du bien d'un autre :* de Mariane, fiancée à Valère; 2. Le pardon auquel *je m'engage.*

──────── **QUESTIONS** ────────────────────

■ Sur l'ensemble de la scène iii. — Quel devait être l'objet de cette entrevue Tartuffe-Elmire dans le plan ourdi par Dorine? La déclaration de Tartuffe à Elmire était-elle prévue ou du moins considérée comme possible par les deux femmes? Cherchez, dans les deux premiers actes, les allusions qui ont préparé le spectateur à cette scène.
— Comment Elmire fait-elle face à la situation? Montrez qu'elle est habile, sans cependant jamais renoncer à la sincérité. Son caractère, d'après son attitude.
— Le caractère de Tartuffe : sa complexité. Est-ce seulement par sensualité qu'il veut séduire Elmire? Montrez que sa fausse humilité, puis son cynisme révèlent en lui une certaine forme d'orgueil. Est-il intelligent? Pourquoi est-il cependant pris au piège tendu par Elmire?
— Le comique de cette scène : la part du comique de geste, le comique de situation (le trompeur trompé).
● Vers 1021-1034. Comment Molière avait-il préparé cette scène (voir III, i). La violence de langage du jeune homme est-elle pour nous une surprise? Justifiez l'étrange attitude d'Elmire : la part de bienséance et celle d'habileté. N'essaye-t-elle pas de faire comprendre à Damis que, par politique, il doit se taire? Comment fait-elle sentir sa supériorité au jeune homme?

DAMIS

1035 Vous avez vos raisons pour en user ainsi,
Et pour faire autrement j'ai les miennes aussi.
Le vouloir épargner est une raillerie;
Et l'insolent orgueil de sa cagoterie
N'a triomphé que trop de mon juste courroux,
1040 Et que trop excité de désordres chez nous.
Le fourbe trop longtemps a gouverné mon père
Et desservi mes feux avec ceux de Valère.
Il faut que du perfide il soit désabusé,
Et le ciel*, pour cela, m'offre un moyen aisé.
1045 De cette occasion je lui suis redevable,
Et pour la négliger elle est trop favorable;
Ce serait mériter qu'il me la vînt ravir
Que de l'avoir en main et ne m'en pas servir.

ELMIRE

Damis...

DAMIS

Non, s'il vous plaît, il faut que je me croie[1].
1050 Mon âme est maintenant au comble de sa joie,
Et vos discours en vain prétendent m'obliger
A quitter[2] le plaisir de me pouvoir venger;
Sans aller plus avant, je vais vider d'affaire[3];
Et voici justement de quoi me satisfaire.

Scène V. — ORGON, DAMIS, TARTUFFE, ELMIRE.

DAMIS

1055 Nous allons régaler, mon père, votre abord[4]
D'un incident tout frais qui vous surprendra fort.

---

1. *Se croire* : agir à son idée; 2. *Quitter* : voir vers 762 et la note; 3. *Vider d'affaire* : travailler à terminer une affaire; locution très courante au xviiie siècle, mais familière; 4. *Abord* : arrivée.

--- QUESTIONS ---

● Vers 1035-1054. L'impétuosité de Damis : montrez-en les causes (caractère, haine de Tartuffe); soulignez sa grossièreté à l'égard d'Elmire (vers 1035-1036; 1051-1052). Sa maladresse : pensez-vous qu'Orgon puisse croire un tel rapport (voir vers 301-304)?

■ Sur l'ensemble de la scène iv. — Pourquoi Molière a-t-il fait intervenir Damis? Quel effet produit le silence de Tartuffe? Imaginez ses réflexions pendant ce temps. Le sentiment du spectateur : est-il satisfait ou inquiet?

Vous êtes bien payé de toutes vos caresses[1],
Et monsieur d'un beau prix reconnaît vos tendresses.
Son grand zèle pour vous vient de se déclarer.
1060 Il ne va pas à moins qu'à vous déshonorer,
Et je l'ai surpris là qui faisait à madame
L'injurieux aveu d'une coupable flamme[2].
Elle est d'une humeur douce, et son cœur trop discret
Voulait à toute force en garder le secret;
1065 Mais je ne puis flatter[3] une telle impudence
Et crois que vous la taire est vous faire une offense.

ELMIRE

Oui, je tiens[4] que jamais de tous ces vains propos
On ne doit d'un mari traverser[5] le repos;
Que ce n'est point de là que l'honneur peut dépendre,
1070 Et qu'il suffit pour nous de savoir nous défendre.
Ce sont mes sentiments[6]; et vous n'auriez rien dit,
Damis, si j'avais eu sur vous quelque crédit.

SCÈNE VI. — ORGON, DAMIS, TARTUFFE.

ORGON

Ce que je viens d'entendre, ô ciel! est-il croyable?

TARTUFFE

Oui, mon frère, je suis un méchant, un coupable,
1075 Un malheureux pécheur* tout plein d'iniquité,
Le plus grand scélérat qui jamais ait été.
Chaque instant de ma vie est chargé de souillures*;
Elle n'est qu'un amas de crimes et d'ordures*,

---

1. *Caresses :* marques extérieures de *tendresse* (vers 1058), c'est-à-dire d'affection;
2. *Flamme :* voir vers 738 et la note; 3. *Flatter :* excuser par excès de complaisance; 4. *Tenir :* penser; le mot indique une opinion ferme, tenace; 5. *Traverser :* troubler; 6. *Sentiments :* opinion; ce terme, en ce sens, pouvait s'employer au singulier comme au pluriel.

---

**QUESTIONS**

■ S<small>UR LA SCÈNE</small> V. — Essayez d'interpréter le silence d'Orgon. Analysez le ton et les différents sentiments qui se font jour dans cette charge de Damis. La fausse position d'Elmire, soulignée, avec une maladresse inconsciente, par Damis. Que pensez-vous de sa justification, et quelle portée donnez-vous à son reproche envers le jeune homme? Pourquoi se retire-t-elle à la fin de la scène?
● V<small>ERS</small> 1073. Quels sentiments contraires se partagent l'esprit d'Orgon à ce moment?

Et je vois que le ciel*, pour ma punition,
1080 Me veut mortifier* en cette occasion.
De quelque grand forfait qu'on me puisse reprendre,
Je n'ai garde d'avoir l'orgueil de m'en défendre.
Croyez ce qu'on vous dit, armez votre courroux,
Et comme un criminel chassez-moi de chez vous.
1085 Je ne saurais avoir tant de honte en partage
Que je n'en aie encor mérité davantage.

ORGON, *à son fils.*

Ah! traître, oses-tu bien, par cette fausseté,
Vouloir de sa vertu ternir la pureté?

DAMIS

Quoi! la feinte douceur* de cette âme hypocrite
1090 Vous fera démentir...

ORGON

Tais-toi, peste maudite!

TARTUFFE

Ah! laissez-le parler; vous l'accusez à tort,
Et vous ferez bien mieux de croire à[1] son rapport.
Pourquoi sur un tel fait m'être si favorable?
Savez-vous, après tout, de quoi je suis capable?
1095 Vous fiez-vous, mon frère, à mon extérieur?
Et, pour tout ce qu'on voit[2], me croyez-vous meilleur?
Non, non, vous vous laissez tromper à l'apparence,
Et je ne suis rien moins, hélas! que ce qu'on pense.
Tout le monde me prend pour un homme de bien;

---

1. *Croire à :* voir vers 469 et la note; 2. A cause de toutes les apparences de piété que je montre.

──────── **QUESTIONS** ────────

● Vers 1074-1086 : Tartuffe se défend-il? Quelle équivoque crée-t-il en utilisant des formules générales (comparez le vers 1078 à Pascal, *Pensées :* « Que le cœur de l'homme est creux et plein d'ordures. »)? Importance des vers 1079-1082.
● Vers 1087-1090. L'évolution d'Orgon. Comment ses préjugés en faveur de Tartuffe faussent-ils son jugement? Aurait-il été aussi vite convaincu si Tartuffe avait protesté de son innocence?
● Vers 1091-1100. Qu'est-ce qui encourage Tartuffe à pousser encore plus loin son jeu? Montrez l'habileté de cette défense par voie d'interrogation. En réalité, expliquez en quoi Tartuffe pose, à son sujet, le problème de la foi et de la preuve. Les sentiments profonds de Tartuffe : pourquoi prend-il le risque de révéler la « vérité pure »?

1100 Mais la vérité pure est que je ne vaux rien.
　　　　　　*(S'adressant à Damis.)*
　　Oui, mon cher fils, parlez, traitez-moi de perfide,
　　D'infâme, de perdu*, de voleur, d'homicide;
　　Accablez-moi de noms encor plus détestés;
　　Je n'y[1] contredis point, je les ai mérités,
1105 Et j'en veux à genoux souffrir l'ignominie,
　　Comme une honte due aux crimes de ma vie.

　　　　　　ORGON, *à Tartuffe.*
　　Mon frère, c'en est trop.
　　　　　　　　　　*(A son fils.)*
　　　　　　　　Ton cœur ne se rend point,
Traître?

　　　　　　　　DAMIS
　　Quoi! ses discours vous séduiront[2] au point...

　　　　　　　　ORGON
　　Tais-toi, pendard!
　　　　　　　*(A Tartuffe.)*
　　　　　　Mon frère, eh! levez-vous, de grâce.
　　　*(A son fils.)*
1110 Infâme!

　　　　　　　　DAMIS
　　　Il peut...

　　　　　　　　ORGON
　　　Tais-toi.

　　　　　　　　DAMIS
　　　　　　J'enrage! Quoi! je passe...

　　　　　　　　ORGON
　　Si tu dis un seul mot, je te romprai les bras.

　　　　　　　　TARTUFFE
　　Mon frère, au nom de Dieu*, ne vous emportez pas.

---

　　1. *Y :* représente l'idée implicitement contenue dans les propositions précédentes,
c'est-à-dire « à cela »; 2. *Séduire :* tromper, ici par leur hypocrisie doucereuse.

――――――――― **QUESTIONS** ―――――――――

● Vers 1101-1106. Quelle vertu de la morale évangélique Tartuffe
feint-il de mettre en pratique? Son but réel.

J'aimerais mieux souffrir la peine la plus dure
Qu'il[1] eût reçu pour moi la moindre égratignure.

ORGON, à son fils.

1115 Ingrat!

TARTUFFE

Laissez-le[2] en paix. S'il faut à deux genoux
Vous demander sa grâce...

ORGON, à Tartuffe.

Hélas! vous moquez-vous?

*(A son fils.)*
Coquin, vois sa bonté.

DAMIS

Donc...

ORGON

Paix!

DAMIS

Quoi, je...

ORGON

Paix, dis-je!
Je sais bien quel motif à l'attaquer t'oblige[3].
Vous le haïssez tous, et je vois aujourd'hui
1120 Femme, enfants et valets déchaînés contre lui.
On met impudemment toute chose en usage
Pour ôter de chez moi ce dévot personnage;
Mais plus on fait d'efforts afin de l'en bannir,
Plus j'en veux employer à l'y mieux retenir,
1125 Et je vais me hâter de lui donner ma fille
Pour confondre l'orgueil de toute ma famille.

DAMIS

A recevoir sa main on pense l'obliger?

---

**1.** [Que j'aimerais] *qu'il eût reçu;* raccourci d'expression fréquent au xviie siècle;
**2.** *Le* s'élidait devant une voyelle dans la prosodie des vers; il n'y a donc pas
d'hiatus; **3.** *Obliger :* déterminer sans idée de contrainte extérieure.

——— QUESTIONS ———

● VERS 1107-1117. Le double rôle d'Orgon : son effet comique. La
suprême habileté de Tartuffe (vers 1112-1116); comment, sous couleur
d'apaiser Orgon, le pousse-t-il à sévir contre Damis?

ORGON

Oui, traître, et dès ce soir, pour vous faire enrager.
Ah! je vous brave tous et vous ferai connaître
1130 Qu'il faut qu'on m'obéisse et que je suis le maître.
Allons, qu'on se rétracte, et qu'à l'instant, fripon,
On se jette à ses pieds pour demander pardon.

DAMIS

Qui, moi? de ce coquin qui par ses impostures...

ORGON

Ah! tu résistes, gueux, et lui dis des injures?
1135 Un bâton, un bâton!

*(A Tartuffe.)*

       Ne me retenez pas.

*(A son fils.)*

Sus, que de ma maison on sorte de ce pas,
Et que d'y revenir on n'ait jamais l'audace.

DAMIS

Oui, je sortirai, mais...

ORGON

       Vite, quittons la place.
Je te prive, pendard, de ma succession
1140 Et te donne, de plus, ma malédiction.

───────── **QUESTIONS** ─────────

● Vers 1118-1130. Orgon a-t-il tort de penser que toute sa famille se ligue contre Tartuffe? Comment cette constatation vraie aboutit-elle à une situation comique? — Le trait traditionnel des pères de comédie qui se retrouve ici chez Orgon : relevez les mots par lesquels il affirme son autorité; importance du vers 1126. Comment se présente la situation après l'intervention de Damis? Pourquoi Orgon veut-il marier sa fille « dès ce soir » (vers 1128)?

● Vers 1131-1140. Montrez que la malédiction donnée à Damis est dans la logique de la situation. Cherchez un effet comique dans le parallélisme des vers 1139-1140. Comparez ce passage à *l'Avare* (IV, III et v).

■ Sur l'ensemble de la scène VI. — Le mouvement de cette scène, ponctué par les deux coups de théâtre. Le mécanisme comique : les deux attitudes d'Orgon, selon qu'il s'adresse à son fils ou à Tartuffe. Pourquoi la scène ne tourne-t-elle jamais à une querelle directe entre Damis et Tartuffe? — L'habileté diabolique de Tartuffe : son art de jouer avec l'équivoque; en use-t-il de même façon qu'avec Elmire à la scène III? — Le sentiment du spectateur devant l'aveuglement d'Orgon, qui fait triompher l'hypocrisie sur la franchise.

« Mon frère, eh! levez-vous, de grâce. »   (Vers 1109.)

**FRANÇOIS PÉRIER DANS LE RÔLE DE TARTUFFE AU THÉÂTRE
DES CHAMPS-ÉLYSÉES (1960)**

« Oui, mon cher fils, parlez, traitez-moi de perfide... » (Vers 1101.)

LOUIS JOUVET (Tartuffe) ET PIERRE RENOIR (Orgon)
AU THÉÂTRE DE L'ATHÉNÉE (1950)

« Tous les biens de ce monde ont pour moi peu d'appas. » (Vers 1239.)

LOUIS JOUVET DANS LE RÔLE DE TARTUFFE
AU THÉÂTRE DE L'ATHÉNÉE (1950)

## Scène VII. — ORGON, TARTUFFE.

ORGON

Offenser de la sorte une sainte* personne!

TARTUFFE

O ciel*! pardonne-lui la douleur qu'il me donne[1].
  *(A Orgon.)*
Si vous pouviez savoir avec quel déplaisir
Je vois qu'envers mon frère on tâche à me noircir...

ORGON

1145 Hélas!

TARTUFFE

  Le seul penser[2] de cette ingratitude
Fait souffrir à mon âme un supplice si rude...
L'horreur que j'en conçois... J'ai le cœur si serré
Que je ne puis parler et crois que j'en mourrai.

ORGON, *il court tout en larmes à la porte
par où il a chassé son fils.*

Coquin! je me repens que ma main t'ait fait grâce,
1150 Et ne t'ait pas d'abord[3] assommé sur la place.
Remettez-vous, mon frère, et ne vous fâchez pas.

TARTUFFE

Rompons, rompons le cours de ces fâcheux débats.
Je regarde céans[4] quels grands troubles j'apporte
Et crois qu'il est besoin, mon frère, que j'en sorte.

ORGON

1155 Comment? Vous moquez-vous?

TARTUFFE

  On m'y hait, et je voi[5]

---

1. Voltaire assure que Molière avait d'abord écrit : « O ciel! pardonne-moi comme je lui pardonne. » Mais l'allusion au *Pater* aurait pu paraître sacrilège; d'où la version définitive, un peu faible; 2. *Penser :* mot employé, en poésie, pour *pensée ;* 3. *D'abord :* immédiatement; 4. *Céans :* voir vers 46 et la note; 5. *Voi :* voir vers 311 et la note.

---

**QUESTIONS**

● Vers 1141-1151. Étudiez la parodie du duo lyrique; la feinte douleur de Tartuffe : comique dans son excès (vers 1148), tragique dans son effet sur Orgon (vers 1149-1151). Pourquoi Tartuffe veut-il prolonger l'effet de la scène précédente?

Qu'on cherche à vous donner des soupçons de ma foi[1].

ORGON

Qu'importe! Voyez-vous que mon cœur les[2] écoute?

TARTUFFE

On ne manquera pas de poursuivre, sans doute;
Et ces mêmes rapports, qu'ici vous rejetez,
1160 Peut-être une autre fois seront-ils écoutés.

ORGON

Non, mon frère, jamais.

TARTUFFE

     Ah! mon frère, une femme
Aisément d'un mari peut bien surprendre[3] l'âme.

ORGON

Non, non.

TARTUFFE

   Laissez-moi vite, en m'éloignant d'ici,
Leur ôter tout sujet de m'attaquer ainsi.

ORGON

1165 Non, vous demeurerez, il y va de ma vie.

TARTUFFE

Hé bien, il faudra donc que je me mortifie*.
Pourtant, si vous vouliez...

ORGON

      Ah!

TARTUFFE

      Soit, n'en parlons plus.

---

**1.** *De ma foi :* sur ma sincérité; **2.** *Les* : reprend « on » employé par Tartuffe aux vers précédents; par ce pronom, Orgon désigne avec mépris les membres de sa famille; **3.** *Surprendre :* induire en erreur par surprise.

━━━━━━━━━━ **QUESTIONS** ━━━━━━━━━━

● VERS 1152-1167. Comment Tartuffe exploite-t-il l'état d'esprit dans lequel se trouve Orgon? Rapprochez le vers 1156 des vers 1129 et suivants. Comment cette insistance, qui serait suspecte à tout autre interlocuteur, ne fait-elle que convaincre davantage Orgon de la sainteté de Tartuffe? Les refus d'Orgon : montrez qu'à chacun d'eux il s'engage davantage. — Le comique du vers 1166.

Mais je sais comme il faut en user là-dessus[1].
L'honneur est délicat[2], et l'amitié m'engage[3]
1170 A prévenir[4] les bruits et les sujets d'ombrage :
Je fuirai votre épouse et vous ne me verrez...

ORGON

Non, en dépit de tous, vous la fréquenterez.
Faire enrager le monde est ma plus grande joie,
Et je veux qu'à toute heure avec elle on vous voie.
1175 Ce n'est pas tout encor : pour les mieux braver tous,
Je ne veux pas avoir d'autre héritier que vous,
Et je vais de ce pas, en fort bonne manière,
Vous faire de mon bien donation entière.
Un bon et franc ami, que pour gendre je prends,
1180 M'est bien plus cher que fils, que femme et que parents.
N'accepterez-vous pas ce que je vous propose?

TARTUFFE

La volonté du ciel* soit faite en toute chose!

ORGON

Le pauvre homme! Allons vite en dresser un écrit,
Et que puisse l'envie[5] en crever de dépit!

---

**1.** *Mais je sais* quelle doit être ma conduite à propos d'Elmire; **2.** *Délicat :* facile à offenser; **3.** *Engager :* ici, faire une obligation morale de...; **4.** *Prévenir :* voir vers 719 et la note; **5.** *L'envie :* les envieux.

---

━━━━━━━━ **QUESTIONS** ━━━━━━━━━━━━━━━━━━━━━

● Vers 1168-1184. Le nouveau calcul de Tartuffe : est-il sûr de n'éveiller aucun soupçon chez Orgon? La réponse d'Orgon : faites la part de la sottise, de la malignité et de la naïveté. Appréciez la monstrueuse donation que propose Orgon : cause prétendue (vers 1179-1180) et raison profonde (vers 1175). L'ultime réplique d'Orgon ne résume-t-elle pas, d'une façon ineffaçable, son attitude?

■ Sur l'ensemble de la scène VII. — Les progrès de l'action par rapport à la scène précédente : faites le bilan des avantages obtenus par Tartuffe.
— Le caractère d'Orgon : quelle part tiennent l'égoïsme et l'autoritarisme à côté de la niaiserie et de la dévotion mal comprise?

■ Sur l'ensemble de l'acte III. — La marche de l'action : montrez que cet acte est composé beaucoup plus solidement que les deux précédents. Comment évolue la manœuvre préparée par Dorine? Qui est responsable de son échec? Voit-on un moyen d'éviter la catastrophe, dont les adversaires de Tartuffe ont, par leur faute, précipité le cours?
— Le caractère de Tartuffe : l'image qu'on a maintenant de lui confirme-t-elle ce qu'on en avait entendu dire aux deux premiers actes?
— Le caractère d'Orgon : les traits communs avec d'autres pères du théâtre de Molière; les traits qui lui sont propres.

# ACTE IV

SCÈNE PREMIÈRE. — CLÉANTE, TARTUFFE.

CLÉANTE

1185 Oui, tout le monde en parle et, vous m'en pouvez croire,
L'éclat que fait ce bruit[1] n'est point à votre gloire;
Et je vous ai trouvé, monsieur, fort à propos
Pour vous en dire net ma pensée en deux mots.
Je n'examine point à fond ce qu'on expose;
1190 Je passe là-dessus et prends au pis la chose.
Supposons que Damis n'en ait pas bien usé,
Et que ce soit à tort qu'on vous ait accusé :
N'est-il pas d'un chrétien de pardonner* l'offense*
Et d'éteindre en son cœur tout désir de vengeance?
1195 Et devez-vous souffrir, pour votre démêlé,
Que du logis d'un père un fils soit exilé?
Je vous le dis encore et parle avec franchise,
Il n'est petit ni grand qui ne s'en scandalise*;
Et, si vous m'en croyez, vous pacifierez tout
1200 Et ne pousserez point les affaires à bout.
Sacrifiez à Dieu* toute votre colère,
Et remettez le fils en grâce avec le père.

TARTUFFE

Hélas! je le voudrais, quant à moi, de bon cœur :
Je ne garde pour lui, monsieur, aucune aigreur;
1205 Je lui pardonne tout, de rien je ne le blâme
Et voudrais le servir du meilleur de mon âme;
Mais l'intérêt du ciel* n'y saurait consentir,
Et, s'il rentre céans[2], c'est à moi d'en sortir.
Après son action, qui n'eut jamais d'égale,
1210 Le commerce[3] entre nous porterait du scandale* :
Dieu sait ce que d'abord tout le monde en croirait;
A pure politique on me l'imputerait,
Et l'on dirait partout que, me sentant coupable,
Je feins, pour qui m'accuse, un zèle charitable*;
1215 Que mon cœur l'appréhende et veut le ménager

---

**1.** Le scandale causé par cette nouvelle; **2.** *Céans :* voir vers 46 et la note; **3.** *Le commerce* : les relations.

Pour le pouvoir sous main[1] au silence engager[2].

CLÉANTE

Vous nous payez ici d'excuses colorées[3],
Et toutes vos raisons, monsieur, sont trop tirées[4];
Des intérêts du ciel* pourquoi vous chargez-vous?
1220 Pour punir le coupable a-t-il besoin de nous?
Laissez-lui, laissez-lui le soin de ses vengeances,
Ne songez qu'au pardon* qu'il prescrit des offenses*
Et ne regardez point aux jugements humains
Quand vous suivez du ciel* les ordres souverains.
1225 Quoi! le faible intérêt de ce qu'on pourra croire[5]
D'une bonne action empêchera la gloire?
Non, non; faisons toujours ce que le ciel* prescrit;
Et d'aucun autre soin[6] ne nous brouillons l'esprit.

TARTUFFE

Je vous ai déjà dit que mon cœur lui pardonne*,
1230 Et c'est faire, monsieur, ce que le ciel* ordonne;
Mais, après le scandale* et l'affront d'aujourd'hui,
Le ciel* n'ordonne pas que je vive avec lui.

CLÉANTE

Et vous ordonne-t-il, monsieur, d'ouvrir l'oreille
A ce qu'un pur caprice à son père conseille,
1235 Et d'accepter le don qui vous est fait d'un bien
Où[7] le droit vous oblige à ne prétendre rien?

TARTUFFE

Ceux qui me connaîtront n'auront pas la pensée
Que ce soit un effet d'une âme intéressée.
Tous les biens de ce monde ont pour moi peu d'appas,
1240 De leur éclat trompeur* je ne m'éblouis pas;

---

1. *Sous main* : secrètement; 2. *Engager* : voir vers 1169 et la note; 3. *Colorer* : « Donner une belle apparence à quelque chose de mauvais » (Académie, 1694); 4. *Tiré* : forcé; 5. Le faible intérêt qu'on a à se concilier l'opinion; 6. *Soin* : voir vers 775 et la note; 7. *Où* : auquel (voir vers 437 et la note).

---

Et, si je me résous à recevoir du père
Cette donation qu'il a voulu me faire,
Ce n'est, à dire vrai, que parce que je crains
Que tout ce bien ne tombe en de méchantes mains;
1245 Qu'il ne trouve des gens qui, l'ayant en partage,
En fassent dans le monde un criminel usage
Et ne s'en servent pas, ainsi que j'ai dessein,
Pour la gloire du ciel* et le bien du prochain*.

CLÉANTE

Eh! monsieur, n'ayez point ces délicates craintes,
1250 Qui d'un juste héritier peuvent causer les plaintes.
Souffrez, sans vous vouloir embarrasser de rien,
Qu'il soit, à ses périls, possesseur de son bien,
Et songez qu'il vaut mieux encor qu'il en mésuse
Que si[1] de l'en frustrer il faut qu'on vous accuse.
1255 J'admire[2] seulement que sans confusion
Vous en ayez souffert la proposition;
Car, enfin, le vrai zèle* a-t-il quelque maxime
Qui montre à dépouiller l'héritier légitime?
Et, s'il faut que le ciel* dans votre cœur ait mis
1260 Un invincible obstacle à vivre avec Damis,
Ne vaudrait-il pas mieux qu'en personne discrète
Vous fissiez de céans[3] une honnête retraite
Que de souffrir ainsi, contre toute raison,
Qu'on en chasse pour vous le fils de la maison?
1265 Croyez-moi, c'est donner, de votre prud'homie[4],
Monsieur...

TARTUFFE

Il est, monsieur, trois heures et demie;

---

1. *Que si* : rupture de construction, entraînée par la concision que recherche l'auteur; *si* donne une valeur éventuelle ici qui s'accorde avec la pensée de Cléante; 2. *Admirer* : être frappé de stupeur; sens plus fort et plus large qu'aujourd'hui, de même que *confusion*, fait d'être bouleversé; 3. *Céans* : voir vers 46 et la note; 4. *Prud'homie* : honnêteté, loyauté.

--- **QUESTIONS** ---

● VERS 1233-1248. Comment Cléante juge-t-il ici Orgon et son protégé? La justification de Tartuffe : analysez ses arguments qui sont ceux de la « cabale ». Cherchez les mots qui veulent traduire le détachement et l'acceptation réticente du personnage.
● VERS 1249-1265. Étudiez l'utilisation par Cléante du bon sens et de la religion pour combattre Tartuffe. L'ironie teintée de mépris, arme de l'indignation. Que marque la réponse de Cléante à son premier grief?

Certain devoir pieux* me demande là-haut,
Et vous m'excuserez de vous quitter sitôt[1].

CLÉANTE

Ah!

Scène II. — ELMIRE, MARIANE, DORINE,
CLÉANTE.

DORINE

De grâce, avec nous employez-vous pour elle,
1270 Monsieur : son âme souffre une douleur mortelle,
Et l'accord que son père a conclu pour ce soir
La fait à tous moments entrer en désespoir.
Il va venir; joignons nos efforts, je vous prie,
Et tâchons d'ébranler, de force ou d'industrie[2],
1275 Ce malheureux dessein qui nous a tous troublés[3].

Scène III. — ORGON, ELMIRE, MARIANE,
CLÉANTE, DORINE.

ORGON

Ah! je me réjouis de vous voir assemblés.
*(A Mariane.)*
Je porte en ce contrat de quoi vous faire rire,
Et vous savez déjà ce que cela veut dire.

---

**1.** *Sitôt :* s'employait au XVIIe siècle avec le sens actuel de « aussitôt »; **2.** *Indus-trie :* ingéniosité subtile; **3.** *Troubler* (sens fort) : bouleverser profondément.

──────── **QUESTIONS** ────────

● Vers 1266-1268. Sens de ce rappel subit; la brutalité presque gros-sière de ce départ.

■ Sur l'ensemble de la scène première. — Que s'est-il passé pendant l'entracte? La personnalité de Cléante, le ton qu'il adopte sont-ils capables d'influencer Tartuffe? L'art de celui-ci à s'adapter à son inter-locuteur : est-il cependant à l'aise en face des formules claires et rai-sonnables de Cléante?

MARIANE, *à genoux.*

Mon père, au nom du ciel\*, qui connaît ma douleur,
1280 Et par tout ce qui peut émouvoir votre cœur,
Relâchez-vous un peu des droits de la naissance[1],
Et dispensez mes vœux[2] de cette obéissance.
Ne me réduisez point, par cette dure loi,
Jusqu'à me plaindre au ciel\* de ce que je vous doi[3];
1285 Et cette vie, hélas! que vous m'avez donnée,
Ne me la rendez pas, mon père, infortunée.
Si, contre un doux espoir que j'avais pu former,
Vous me défendez d'être à ce que j'ose aimer,
Au moins, par vos bontés, qu'à vos genoux j'implore,
1290 Sauvez-moi du tourment d'être à ce que j'abhorre,
Et ne me portez point à quelque désespoir,
En vous servant sur moi de tout votre pouvoir.

ORGON, *se sentant attendrir.*

Allons, ferme, mon cœur! point de faiblesse humaine\*.

MARIANE

Vos tendresses pour lui ne me font point de peine :
1295 Faites-les éclater, donnez-lui votre bien,
Et, si ce n'est assez, joignez-y tout le mien[4];
J'y consens de bon cœur, et je vous l'abandonne;
Mais au moins n'allez pas jusques à ma personne,
Et souffrez qu'un couvent, dans les austérités\*,
1300 Use les tristes jours que le ciel m'a comptés.

ORGON

Ah! voilà justement de mes religieuses,
Lorsqu'un père combat leurs flammes amoureuses!
Debout! Plus votre cœur répugne à l'accepter,
Plus ce sera pour vous matière à mériter\*.
1305 Mortifiez vos sens\* avec ce mariage,
Et ne me rompez pas la tête davantage.

DORINE

Mais quoi!...

---

**1.** *De la naissance :* que vous donne sur moi le fait que je sois née de vous; **2.** *Mes vœux :* mon amour pour Valère; **3.** *Doi :* voir vers 311 et la note; **4.** *Le mien :* la part de la succession de ma mère.

ORGON

Taisez-vous, vous. Parlez à votre écot[1];
Je vous défends tout net d'oser dire un seul mot.

CLÉANTE

Si par quelque conseil vous souffrez qu'on réponde...

ORGON

1310 Mon frère, vos conseils sont les meilleurs du monde :
Ils sont bien raisonnés, et j'en fais un grand cas;
Mais vous trouverez bon que je n'en use pas.

ELMIRE, *à son mari.*

A voir ce que je vois, je ne sais plus que dire,
Et votre aveuglement fait que je vous admire[2].
1315 C'est être bien coiffé, bien prévenu de lui,
Que de nous démentir sur le fait d'aujourd'hui.

ORGON

Je suis votre valet[3] et crois les apparences;
Pour mon fripon de fils je sais vos complaisances,
Et vous avez eu peur de le désavouer
1320 Du trait[4] qu'à ce pauvre homme il a voulu jouer.
Vous étiez trop tranquille enfin pour être crue,
Et vous auriez paru d'autre manière émue.

ELMIRE

Est-ce qu'au simple aveu d'un amoureux transport
Il faut que notre honneur se gendarme si fort?
1325 Et ne peut-on répondre à tout ce qui le touche
Que le feu dans les yeux et l'injure à la bouche?
Pour moi, de tels propos je me ris simplement,
Et l'éclat là-dessus ne me plaît nullement.
J'aime qu'avec douceur nous nous montrions sages
1330 Et ne suis point du tout pour ces prudes sauvages
Dont l'honneur est armé de griffes et de dents
Et veut au moindre mot dévisager[5] les gens.
Me préserve le ciel* d'une telle sagesse!
Je veux une vertu qui ne soit point diablesse,
1335 Et crois que d'un refus la discrète froideur

---

1. *Ecot :* compagnie de convives dont chacun paie sa quote-part. « On dit pro-
verbialement à ceux qui viennent interrompre l'entretien d'autres gens : *Parlez
à votre écot*, pour dire : Allez entretenir votre compagnie » (Dictionnaire de
Furetière, 1690); le mot a donc ici un sens méprisant; 2. *Admirer :* voir vers 1255 et
la note; 3. Voir vers 409 et la note; 4. *Trait :* mauvais tour; 5. *Dévisager :* défigurer.

N'en est pas moins puissante à rebuter un cœur.

ORGON

Enfin, je sais l'affaire, et ne prends point le change[1].

ELMIRE

J'admire[2] encore un coup cette faiblesse étrange.
Mais que me répondrait votre incrédulité,
1340 Si je vous faisais voir qu'on vous dit vérité?

ORGON

Voir?

ELMIRE

Oui.

ORGON

Chansons!

ELMIRE

Mais quoi! si je trouvais manière
De vous le faire voir avec pleine lumière?...

ORGON

Contes en l'air!

ELMIRE

Quel homme! Au moins répondez-moi.
Je ne vous parle pas de nous ajouter foi;
1345 Mais supposons ici que, d'un lieu qu'on peut prendre[3],
On vous fît clairement tout voir et tout entendre :
Que diriez-vous alors de votre homme de bien?

ORGON

En ce cas je dirais que... Je ne dirais rien,
Car cela ne se peut.

ELMIRE

L'erreur trop longtemps dure,
1350 Et c'est trop condamner[4] ma bouche d'imposture.
Il faut que, par plaisir[5], et sans aller plus loin,
De tout ce qu'on vous dit je vous fasse témoin.

---

1. *Prendre le change* : se laisser entraîner sur une fausse piste, terme de chasse, ici, employé au sens figuré; 2. *Admirer* : voir vers 1255 et la note; 3. *Prendre* : choisir; 4. *Condamner* : taxer de; 5. *Par plaisir* : pour l'unique plaisir de vous convaincre.

ORGON

Soit, je vous prends au mot. Nous verrons votre adresse,
Et comment vous pourrez remplir cette promesse.

ELMIRE

1355 Faites-le-moi venir[1].

DORINE

Son esprit est rusé,
Et peut-être à surprendre il sera malaisé.

ELMIRE

Non : on est aisément dupé par ce qu'on aime,
Et l'amour-propre engage à se tromper soi-même.
Faites-le-moi descendre.
*(Parlant à Cléante et à Mariane.)*
Et vous, retirez-vous.

Scène IV. — ELMIRE, ORGON.

ELMIRE

1360 Approchons cette table, et vous mettez[2] dessous.

ORGON

Comment!

ELMIRE

Vous bien cacher est un point nécessaire.

ORGON

Pourquoi sous cette table?

ELMIRE

Ah! mon Dieu! laissez faire;
J'ai mon dessein en tête, et vous en jugerez.
Mettez-vous là, vous dis-je, et, quand vous y serez,
1365 Gardez qu'[3]on ne vous voie et qu'on ne vous entende.

---

1. Cet ordre s'adresse à Dorine; 2. Le pronom complément se plaçait devant
l'impératif lorsque celui-ci n'était pas le premier terme d'une énumération; 3. *Garder que* : éviter que (voir aussi vers 311 et la note).

──────── ■ QUESTIONS ────────

■ Sur l'ensemble de la scène iii. — Cette deuxième tentative pour
éviter la catastrophe réussit-elle mieux que l'entrevue Cléante-Tartuffe?
Quel élément d'espoir apparaît cependant ici? Montrez que les caractères s'accusent; l'attitude d'Orgon est-elle la même à l'égard d'Elmire
que des autres personnages?

ORGON

Je confesse qu'ici ma complaisance est grande;
Mais de votre entreprise il vous faut voir sortir.

ELMIRE

Vous n'aurez, que[1] je crois, rien à me repartir.
        *(A son mari, qui est sous la table.)*
Au moins, je vais toucher une étrange matière[2];
1370 Ne vous scandalisez en aucune manière.
Quoi que je puisse dire, il[3] doit m'être permis,
Et c'est pour vous convaincre, ainsi que j'ai promis.
Je vais par des douceurs, puisque j'y suis réduite,
Faire poser le masque à cette âme hypocrite,
1375 Flatter de son amour les désirs effrontés
Et donner un champ libre à ses témérités.
Comme c'est pour vous seul, et pour mieux le confondre,
Que mon âme à ses vœux va feindre de répondre,
J'aurai lieu de cesser dès que vous vous rendrez[4],
1380 Et les choses n'iront que jusqu'où vous voudrez.
C'est à vous d'arrêter son ardeur insensée
Quand vous croirez l'affaire assez avant[5] poussée,
D'épargner votre femme et de ne m'exposer
Qu'à ce qu'il vous faudra pour vous désabuser.
1385 Ce sont vos intérêts, vous en serez le maître,
Et... L'on vient; tenez-vous[6] et gardez de paraître.

SCÈNE V. — TARTUFFE, ELMIRE,
ORGON, *caché sous la table.*

TARTUFFE

On m'a dit qu'en ce lieu vous me vouliez parler.

---

1. A ce que je crois; 2. Je vais aborder un étrange sujet de conversation; 3. Voir vers 838 et la note; 4. *Se rendre :* s'avouer battu, c'est-à-dire, ici, convaincu; 5. *Assez avant :* assez loin; 6. *Se tenir :* rester tranquille à un endroit déterminé.

———— **QUESTIONS** ————

● VERS 1360-1368. Analysez le comique de gestes, de situation, de caractère chez Orgon. Rapprochez ses répliques de son incrédulité à la scène précédente. Montrez que sa protestation, aux vers 1366-1367, est destinée à sauvegarder sa dignité.
● VERS 1369-1386. Composition de ce passage. Pourquoi Elmire prend-elle ces précautions? Démontrez qu'elle engage la responsabilité d'Orgon, qu'elle en fait le juge souverain de ce qui va suivre. La curiosité du spectateur sera-t-elle aussi vive s'il connaît à l'avance le projet d'Elmire?
■ SUR L'ENSEMBLE DE LA SCÈNE IV. — L'habileté dramatique de ce temps mort. Comment se complète le caractère d'Elmire?

ELMIRE

Oui, l'on a des secrets à vous y révéler.
Mais tirez cette porte avant qu'on vous les dise,
1390 Et regardez partout de crainte de surprise :
Une affaire pareille à celle de tantôt
N'est pas assurément ici ce qu'il nous faut.
Jamais il ne s'est vu de surprise de même[1];
Damis m'a fait pour vous une frayeur extrême,
1395 Et vous avez bien vu que j'ai fait mes efforts
Pour rompre son dessein et calmer ses transports.
Mon trouble, il est bien vrai, m'a si fort possédée
Que de le démentir je n'ai point eu l'idée;
Mais, par là, grâce au ciel, tout a bien mieux été,
1400 Et les choses en sont dans plus de sûreté.
L'estime où l'on vous tient a dissipé l'orage,
Et mon mari de vous ne peut prendre d'ombrage.
Pour mieux braver l'éclat des mauvais jugements,
Il veut que nous soyons ensemble à tous moments;
1405 Et c'est par où[2] je puis, sans peur d'être blâmée,
Me trouver ici seule avec vous enfermée,
Et ce qui m'autorise à vous ouvrir un cœur
Un peu trop prompt peut-être à souffrir votre ardeur.

TARTUFFE

Ce langage à comprendre est assez difficile,
1410 Madame, et vous parliez tantôt d'un autre style.

ELMIRE

Ah! si d'un tel refus vous êtes en courroux,
Que le cœur d'une femme est mal connu de vous!
Et que vous savez peu ce qu'il veut faire entendre
Lorsque si faiblement on le voit se défendre!
1415 Toujours notre pudeur combat, dans ces moments,
Ce qu'on peut nous donner de tendres sentiments.
Quelque raison qu'on trouve à l'amour qui nous dompte,
On trouve à l'avouer toujours un peu de honte.

---

1. *De même* : semblable; 2. *Par où* : grâce à quoi.

——— QUESTIONS ———

● Vers 1387-1410. Imaginez les sentiments de Tartuffe en prononçant le vers 1387. Composition de la tirade d'Elmire. Montrez la complicité que celle-ci cherche à établir aux vers 1388-1394. Comment essaie-t-elle de tirer parti (vers 1395-1400) de son attitude à la scène III de l'acte III? D'où Elmire peut-elle tenir le renseignement qu'elle donne aux vers 1401-1404? L'habileté du vers 1408. La réticence de Tartuffe : ses causes.

On s'en défend d'abord; mais, de l'air[1] qu'on s'y prend,
1420 On fait connaître assez que notre cœur se rend[2],
Qu'à nos vœux, par honneur, notre bouche s'oppose,
Et que de tels refus promettent toute chose.
C'est vous faire, sans doute, un assez libre aveu
Et sur notre pudeur me ménager[3] bien peu;
1425 Mais, puisque la parole enfin en est lâchée,
A retenir Damis me serais-je attachée?
Aurais-je, je vous prie, avec tant de douceur
Écouté tout au long l'offre de votre cœur?
Aurais-je pris la chose ainsi qu'on m'a vu faire,
1430 Si l'offre de ce cœur n'eût eu de quoi me plaire?
Et lorsque j'ai voulu moi-même vous forcer
A refuser l'hymen qu'on venait d'annoncer,
Qu'est-ce que cette instance a dû vous faire entendre
Que[4] l'intérêt qu'en vous on s'avise de prendre,
1435 Et l'ennui qu'on aurait que ce nœud qu'on résoud[5]
Vînt partager au moins un cœur que l'on veut tout[6]?

TARTUFFE

C'est sans doute, madame, une douceur extrême
Que d'entendre ces mots d'une bouche qu'on aime;
Leur miel dans tous mes sens fait couler à longs traits
1440 Une suavité* qu'on ne goûta jamais.
Le bonheur de vous plaire est ma suprême étude[7]
Et mon cœur de vos vœux fait sa béatitude*;
Mais ce cœur vous demande ici la liberté

---

1. *Air* : voir vers 920 et la note; 2. *Se rendre* : voir vers 1379 et la note; 3. *Se ménager* : se régler avec mesure; 4. *Que* : après une négation, un indéfini négatif, ou dans une interrogation signifie « si ce n'est » ; 5. Ce mariage qu'on décide (langage précieux); 6. *Tout* : tout entier; 7. *Étude :* application.

---

**QUESTIONS**

● VERS 1411-1436. Composition de cette tirade : les deux sortes d'arguments invoqués par Elmire; comment sont-ils liés logiquement? La psychologie féminine de l'amour, telle qu'elle la décrit, est-elle conforme au goût du temps? Cherchez en quoi l'embarras des vers 1432-1436 dépeint le trouble feint par Elmire? Dans l'ensemble, montrez la lourdeur encombrée de cette tirade. Quel est le but cherché par Molière?

D'oser douter un peu de sa félicité*.
1445 Je puis croire ces mots un artifice[1] honnête
Pour m'obliger à rompre un hymen qui s'apprête,
Et, s'il faut librement m'expliquer avec vous,
Je ne me fierai point à des propos si doux
Qu'[2]un peu de vos faveurs, après quoi je soupire,
1450 Ne vienne m'assurer tout ce qu'ils m'ont pu dire
Et planter dans mon âme une constante foi*
Des charmantes[3] bontés que vous avez pour moi.

ELMIRE, *elle tousse pour avertir son mari.*

Quoi! vous voulez aller avec cette vitesse
Et d'un cœur tout d'abord[4] épuiser la tendresse?
1455 On se tue à vous faire un aveu des plus doux;
Cependant ce n'est pas encore assez pour vous,
Et l'on ne peut aller jusqu'à vous satisfaire
Qu'[5]aux dernières faveurs on ne pousse l'affaire?

TARTUFFE

Moins on mérite* un bien, moins on l'ose espérer.
1460 Nos vœux sur des discours ont peine à s'assurer.
On soupçonne[6] aisément un sort tout plein de gloire,
Et l'on veut en jouir avant que de le croire.
Pour moi, qui crois si peu mériter* vos bontés,
Je doute du bonheur de mes témérités[7],
1465 Et je ne croirai rien que vous n'ayez, madame,
Par des réalités su convaincre ma flamme.

---

1. *Artifice* : voir Préface, note 4, p. 27; 2. *Que* : à moins que; 3. *Charmantes* : ensorcelantes, enivrantes; 4. *Tout d'abord* : tout de suite; 5. *Que* : sans que; 6. *Soupçonner* : ne pas oser croire à; 7. Ces six vers sont repris, avec quelques variantes, de *Dom Garcie de Navarre* (II, VI, vers 654-659).

──────── **QUESTIONS** ────────

● VERS 1437-1452. Où se marquent encore des traces de scepticisme chez Tartuffe? Montrez qu'elles s'effacent progressivement. La vraisemblance de ces ultimes hésitations (vers 1445-1446 à rapprocher du vers 1410). Marquez la logique de sa requête dans cet état d'esprit. Comparez la fin de cette tirade à la fin de la tirade des vers 966-1000; comment son cynisme perce-t-il brusquement une fois de plus?
● VERS 1453-1466. L'opposition entre la sensualité de Tartuffe et l'amour, d'inspiration précieuse, que feint Elmire. L'usage que fait ici Tartuffe de l'humilité n'est-il pas comique, assorti d'une ardeur obstinée? Son « amour des réalités » (vers 1466).

ELMIRE

Mon Dieu! que votre amour en vrai tyran agit,
Et qu'en un trouble étrange il me jette l'esprit!
Que sur les cœurs il prend un furieux empire,
1470 Et qu'avec violence il veut ce qu'il désire!
Quoi! de votre poursuite on ne peut se parer[1],
Et vous ne donnez pas le temps de respirer?
Sied-il bien de tenir[2] une rigueur si grande,
De vouloir sans quartier[3] les choses qu'on demande,
1475 Et d'abuser ainsi, par vos efforts pressants,
Du faible que pour vous vous voyez qu'ont les gens?

TARTUFFE

Mais, si d'un œil bénin* vous voyez mes hommages,
Pourquoi m'en refuser d'assurés témoignages?

ELMIRE

Mais comment consentir à ce que vous voulez
1480 Sans offenser le ciel*, dont toujours vous parlez?

TARTUFFE

Si ce n'est que le ciel* qu'à mes vœux on oppose,
Lever un tel obstacle est à moi[4] peu de chose,
Et cela ne doit pas retenir votre cœur.

ELMIRE

Mais des arrêts du ciel* on nous fait tant de peur!

TARTUFFE

1485 Je puis vous dissiper ces craintes ridicules,
Madame, et je sais l'art de lever les scrupules[5].
Le ciel* défend, de vrai, certains contentements;
*(C'est un scélérat qui parle.)*

---

1. *Se parer :* se garder; 2. *Tenir :* « A quelquefois la même signification que ses composés » (Furetière, 1690), ici : maintenir; 3. *Sans quartier :* sans faire de concession, sans faire grâce de rien (expression d'origine militaire); 4. *A :* ici, pour; 5. Ces vers (1486-1492) font allusion à la « direction d'intention », chère aux casuistes et dénoncée par Pascal dans la *VII° Provinciale.*

---

**QUESTIONS**

● VERS 1467-1475. La parodie du style précieux (jeu sur des mots de sens voisins, emploi de termes figurés, d'adjectifs outrés, d'antithèses raffinées). Est-ce seulement pour Elmire un moyen de prolonger la résistance? Quel sentiment secret peut révéler la volubilité avec laquelle Elmire joue avec le langage précieux?

Mais on trouve avec lui des accommodements.
Selon divers besoins, il est une science
1490 D'étendre les liens de notre conscience*,
Et de rectifier le mal de l'action
Avec la pureté de notre intention*.
De ces secrets, madame, on saura vous instruire;
Vous n'avez seulement qu'à vous laisser conduire.
1495 Contentez mon désir, et n'ayez point d'effroi;
Je vous réponds de tout et prends le mal sur moi.
Vous toussez fort, madame.

ELMIRE

Oui, je suis au supplice.

TARTUFFE

Vous plaît-il un morceau de ce jus de réglisse?

ELMIRE

C'est un rhume obstiné, sans doute, et je vois bien
1500 Que tous les jus du monde ici ne feront rien.

TARTUFFE

Cela, certe[1], est fâcheux.

ELMIRE

Oui, plus qu'on ne peut dire.

TARTUFFE

Enfin votre scrupule est facile à détruire;
Vous êtes assurée ici d'un plein secret,
Et le mal n'est jamais que dans l'éclat qu'on fait.

---

1. *Certe :* écrit ici sans *s ;* licence, qui se rencontre rarement, nécessaire ici à la versification.

──────── QUESTIONS ────────

● VERS 1476-1496. Pour quelles raisons Elmire oriente-t-elle la conversation vers ce problème, déjà évoqué à la scène III de l'acte III? Caractérisez l'aisance de Tartuffe dans sa réponse. Comparez-la à son attitude de la scène III de l'acte III et à la scène première de l'acte IV. Cherchez, dans la *VIIᵉ Provinciale* de Pascal, la source des assouplissements proposés ici. Le comique de la situation suggérée par Tartuffe (vers 1493-1494). Quel abîme moral le personnage dévoile-t-il ici sans la moindre gêne?
● VERS 1497-1506. Commentez l'intermède comique des vers 1497-1501. Appréciez les trois aphorismes prononcés par Tartuffe aux vers 1504-1506 : clarté d'expression, monstruosité, à rapprocher des vers 995-1000.

1505 Le scandale\* du monde est ce qui fait l'offense\*,
     Et ce n'est pas pécher\* que pécher\* en silence.

         ELMIRE, *après avoir encore toussé.*

     Enfin je vois qu'il faut se résoudre à céder,
     Qu'il faut que je consente à vous tout accorder,
     Et qu'à moins de cela je ne dois point prétendre
1510 Qu'on puisse être content et qu'on veuille se rendre[1].
     Sans doute, il est fâcheux d'en venir jusque-là,
     Et c'est bien malgré moi que je franchis cela ;
     Mais, puisque l'on s'obstine à m'y vouloir réduire,
     Puisqu'on ne veut point croire à tout ce qu'on peut dire,
1515 Et qu'on veut des témoins qui soient plus convaincants,
     Il faut bien s'y résoudre et contenter les gens.
     Si ce consentement porte en soi quelque offense\*,
     Tant pis pour qui me force à cette violence :
     La faute assurément n'en doit pas être à moi.

              TARTUFFE

1520 Oui, madame, on s'en charge, et la chose de soi...

              ELMIRE

     Ouvrez un peu la porte, et voyez, je vous prie,
     Si mon mari n'est point dans cette galerie.

              TARTUFFE

     Qu'est-il besoin pour lui du soin que vous prenez ?
     C'est un homme, entre nous, à mener par le nez.
1525 De tous nos entretiens il est pour faire gloire[2],
     Et je l'ai mis au point de voir tout sans rien croire.

              ELMIRE

     Il n'importe. Sortez, je vous prie, un moment,

---

1. *Se rendre :* s'estimer satisfait; 2. *Faire gloire :* tirer vanité.

---

**————— QUESTIONS —————**

● Vers 1507-1520. Montrez que ces mots s'adressent plutôt à Orgon, d'où le ton qui les anime. Cherchez les marques de réticence, les mots qui expriment l'obligation acceptée à contrecœur. Dévoilez le sens de la menace comprise dans les trois vers 1517-1519. Le comique du vers 1520.

« Soit. Je vous prends au mot. Nous verrons votre adresse. » (Vers 1353.)

MONIQUE MÉLINAUD (Elmire) ET PIERRE RENOIR (Orgon)
AU THÉÂTRE DE L'ATHÉNÉE (1950)

« C'est contre mon humeur que j'ai fait tout ceci. » (Vers 1551.)

*LE TARTUFFE* À LA COMÉDIE DES CHAMPS-ÉLYSÉES (1960)
AVEC FRANÇOIS PÉRIER

Et partout là dehors voyez[1] exactement.

### Scène VI. — ORGAN, ELMIRE.

ORGON, *sortant de dessous la table.*
Voilà, je vous l'avoue, un abominable homme!
1530 Je n'en puis revenir, et tout ceci m'assomme[2].

#### ELMIRE
Quoi! vous sortez si tôt? Vous vous moquez des gens.
Rentrez sous le tapis, il n'est pas encor temps;
Attendez jusqu'au bout pour voir les choses sûres,
Et ne vous fiez point aux simples conjectures.

#### ORGON
1535 Non, rien de plus méchant n'est sorti de l'enfer*.

#### ELMIRE
Mon Dieu, l'on ne doit point croire trop de léger[3];
Laissez-vous bien convaincre avant que de vous rendre[4],
Et ne vous hâtez point de peur de vous méprendre.
*(Elle fait mettre son mari derrière elle.)*

### Scène VII. — TARTUFFE, ELMIRE, ORGON.

##### TARTUFFE
Tout conspire, madame, à mon contentement :
1540 J'ai visité de l'œil tout cet appartement;

---

1. *Voir :* regarder avec attention; 2. *Assommer :* frapper de stupeur, d'hébétement; 3. *De léger :* à la légère; 4. *Se rendre :* voir vers 1379 et la note.

---

─────── **QUESTIONS** ───────

● VERS 1521-1528. Qu'espère Elmire en demandant à Tartuffe de prendre cette précaution? Tartuffe tombe-t-il dans le piège?
■ SUR L'ENSEMBLE DE LA SCÈNE V. — Analysez le mouvement complexe de cette scène, toute de délicate diplomatie. Montrez le double triomphe d'Elmire : elle a tenu brillamment la gageure et n'a fait aucune concession; peut-on percevoir dans son langage les signes de sa satisfaction?
— Le comique de situation : la complicité du spectateur qui sait qu'Orgon est sous la table.
— Imaginez les sentiments d'Orgon tout au long de cette scène.
■ SUR LA SCÈNE VI. — Par quoi Orgon a-t-il été finalement convaincu? Montrez que cela explique sa sortie bien tardive. Quel est son sentiment dominant ici, et qu'a-t-il de comique? L'ironie méprisante d'Elmire : prouvez que, désormais, la situation, au point de vue moral, ne peut devenir plus désagréable pour elle.

Personne ne s'y trouve, et mon âme ravie...

ORGON, *en l'arrêtant.*

Tout doux! vous suivez trop votre amoureuse envie,
Et vous ne devez pas vous tant passionner[1].
Ah! ah! l'homme de bien, vous m'en voulez donner[2]!
1545 Comme aux tentations* s'abandonne votre âme!
Vous épousiez ma fille et convoitiez ma femme!
J'ai douté fort longtemps que ce fût tout de bon,
Et je croyais toujours qu'on changerait de ton;
Mais c'est assez avant pousser le témoignage :
1550 Je m'y tiens et n'en veux, pour moi, pas davantage.

ELMIRE, *à Tartuffe.*

C'est contre mon humeur que j'ai fait tout ceci;
Mais on m'a mise au point de vous traiter ainsi.

TARTUFFE

Quoi! vous croyez...

ORGON

Allons, point de bruit, je vous prie,
Dénichons de céans[3], et sans cérémonie.

TARTUFFE

1555 Mon dessein...

ORGON

Ces discours ne sont plus de saison[4];
Il faut, tout sur-le-champ, sortir de la maison.

TARTUFFE

C'est à vous d'en sortir, vous qui parlez en maître.
La maison m'appartient, je le ferai connaître,

---

1. *Se passionner* : s'abandonner à sa passion; 2. *En donner* [à garder] : tromper;
3. *Céans* : voir vers 46 et la note; 4. *Saison* : voir vers 792 et la note

─────── **QUESTIONS** ───────

● VERS 1539-1552. Le comique de la situation de Tartuffe aux vers 1539-1541. Comment Orgon à son tour fait-il rire? Sa brutalité triomphante; la vanité outragée qu'il manifeste (vers 1544; rapprochez-le du vers 1526); montrez qu'Orgon se donne le beau rôle (vers 1547-1548). L'attitude d'Elmire n'est-elle pas empreinte de grandeur? Devant qui, en réalité, se croit-elle tenue de se justifier?

Et vous montrerai bien qu'en vain on a recours,
1560 Pour me chercher querelle, à ces lâches détours,
Qu'on n'est pas où l'on pense en me faisant injure,
Que j'ai de quoi confondre et punir l'imposture,
Venger le ciel\* qu'on blesse, et faire repentir\*
Ceux qui parlent ici de me faire sortir.

## Scène VIII. — ELMIRE, ORGON.

ELMIRE

1565 Quel est donc ce langage, et qu'est-ce qu'il veut dire?

ORGON

Ma foi, je suis confus, et n'ai pas lieu de rire.

ELMIRE

Comment?

ORGON

Je vois ma faute aux choses qu'il me dit,
Et la donation m'embarrasse l'esprit.

ELMIRE

La donation?...

ORGON

Oui, c'est une affaire faite.
1570 Mais j'ai quelque autre chose encor qui m'inquiète.

ELMIRE

Eh quoi?

ORGON

Vous saurez tout; mais voyons au plus tôt

─────── **QUESTIONS** ───────

● Vers 1553-1564. Quelle semble être d'abord l'intention de Tartuffe aux vers 1553 et 1555? Le vers 1557, qui sonne comme un coup de théâtre, en est-il un réellement? Pouvait-on attendre autre chose de Tartuffe? Cherchez, dans la pièce, jusqu'ici, des traits psychologiques qui le prouvent. L'ironie des vers 1562-1565.

■ Sur l'ensemble de la scène VII. — Les réactions de chacun des personnages sont-elles conformes à ce que l'on savait déjà d'eux? Le rebondissement dramatique, au moment où l'on croyait tout réglé.

Si certaine cassette est encore là-haut.

# ACTE V

### Scène première. — ORGON, CLÉANTE.

CLÉANTE

Où voulez-vous courir?

ORGON

Las! que sais-je?

CLÉANTE

Il me semble
Que l'on doit commencer par consulter[1] ensemble
1575 Les choses qu'on peut faire en cet événement.

ORGON

Cette cassette-là me trouble entièrement;
Plus que le reste encore elle me désespère.

CLÉANTE

Cette cassette est donc un important mystère?

ORGON

C'est un dépôt qu'Argas, cet ami que je plains[2],

---

1. *Consulter* : examiner; 2. *Plaindre* : regretter; Argas est proscrit (allusion à sa *fuite*, deux vers plus bas).

─────── **QUESTIONS** ───────────────

■ SUR LA SCÈNE VIII. — Soulignez le contraste entre l'attitude d'Orgon ici et dans les scènes précédentes. Quel événement nouveau vient remettre tout en question et laisse en suspens la curiosité du spectateur à la fin de l'acte?

■ SUR L'ENSEMBLE DE L'ACTE IV. — La progression de l'action : comparez la situation à la fin de l'acte et au début; par quelles péripéties est passé le complot contre Tartuffe qui avait débuté à l'acte III?

— Comparez la scène v de cet acte avec la scène III de l'acte III : comment Molière a-t-il évité un effet de répétition? Montrez que la différence entre les deux scènes tient plus au personnage d'Elmire qu'à celui de Tartuffe.

— Le caractère d'Orgon : la part de l'odieux et du ridicule dans les différentes scènes de cet acte.

— Le comique dans cet acte : comment Molière réussit-il toujours à esquiver l'effet de situations pénibles pour faire dominer le rire?

1580 Lui-même en grand secret m'a mis entre les mains.
Pour cela, dans sa fuite, il me voulut élire[1];
Et ce sont des papiers, à ce qu'il m'a pu dire,
Où sa vie et ses biens se trouvent attachés.

CLÉANTE

Pourquoi donc les avoir en d'autres mains lâchés?

ORGON

1585 Ce fut par un motif de cas de conscience*.
J'allai droit à mon traître en faire confidence,
Et son raisonnement me vint persuader
De lui donner plutôt la cassette à garder,
Afin que pour nier, en cas de quelque enquête,
1590 J'eusse d'un faux-fuyant la faveur toute prête,
Par où ma conscience* eût pleine sûreté
A faire des serments contre la vérité[2].

CLÉANTE

Vous voilà mal, au moins si j'en crois l'apparence;
Et la donation et cette confidence[3]
1595 Sont, à vous en parler selon mon sentiment[4],
Des démarches par vous faites légèrement.
On peut vous mener loin avec de pareils gages;
Et cet homme sur vous ayant ces avantages,
Le pousser est encor grande imprudence à vous,
1600 Et vous deviez chercher quelque biais plus doux.

ORGON

Quoi! sous un beau semblant de ferveur* si touchante
Cacher un cœur si double[5], une âme si méchante!
Et moi, qui l'ai reçu gueusant[6] et n'ayant rien...

---

**1.** *Elire :* voir vers 573 et la note; **2.** Allusion aux « restrictions mentales », doctrine des « casuistes » (voir vers 1486) dénoncée par Pascal dans la *IXᵉ Provinciale*; **3.** *Confidence :* s'emploie dans la langue classique pour *confiance* dont il est le doublet; **4.** *Sentiment :* voir vers 1071 et la note; **5.** *Double :* fourbe, à rapprocher de « duplicité »; **6.** *Gueusant :* mendiant

---

● **QUESTIONS** ●

● Vers 1573-1600. S'est-il écoulé un long moment depuis l'acte précédent? Quel est le climat au début de cet acte? Opposez le bon sens de Cléante au naïf stratagème d'Orgon. Rapprochez les vers 1585-1592 de la *IXᵉ Provinciale* de Pascal et indiquez en quoi consiste la méthode des « restrictions mentales ». Cette idée n'était-elle pas plus utile pour Tartuffe que pour Orgon (vers 1597-1598)?

C'en est fait, je renonce à tous les gens de biens.
1605 J'en aurai désormais une horreur effroyable
Et m'en vais devenir pour eux pire qu'un diable.

CLÉANTE

Eh bien! ne voilà pas de vos emportements!
Vous ne gardez en rien les doux tempéraments[1];
Dans la droite raison jamais n'entre la vôtre.
1610 Et toujours d'un excès vous vous jetez dans l'autre.
Vous voyez votre erreur, et vous avez connu[2]
Que par un zèle* feint vous étiez prévenu[3];
Mais, pour vous corriger, quelle raison demande
Que vous alliez passer dans une erreur plus grande,
1615 Et qu'avecque[4] le cœur d'un perfide vaurien
Vous confondiez les cœurs de tous les gens de bien?
Quoi! parce qu'un fripon vous dupe avec audace
Sous le pompeux éclat d'une austère* grimace,
Vous voulez que partout on soit fait comme lui,
1620 Et qu'aucun vrai dévot ne se trouve aujourd'hui?
Laissez aux libertins* ces sottes conséquences,
Démêlez la vertu d'avec ses apparences,
Ne hasardez jamais votre estime trop tôt,
Et soyez pour cela dans le milieu qu'il faut.
1625 Gardez-vous, s'il se peut, d'honorer l'imposture;
Mais au vrai zèle* aussi n'allez pas faire injure,
Et, s'il vous faut tomber dans une extrémité,
Péchez plutôt encor de cet autre côté.

SCÈNE II. — DAMIS, ORGON, CLÉANTE.

DAMIS

Quoi! mon père, est-il vrai qu'un coquin vous menace,

---

1. *Tempérament* : juste mesure; 2. *Connaître* : voir vers 949 et la note; 3. *Prévenu* : pris d'idées préconçues; 4. *Avecque* : licence poétique qui survivra jusqu'à la fin du XVIIe siècle.

━━━━━━━ **QUESTIONS** ━━━━━━━━━━━━━━━━━━━━━━━━━━━━━━

● VERS 1601-1606. Les différents sentiments qui se mêlent dans cette réaction excessive d'Orgon : montrez que cette réplique révèle que le fond de son caractère est la faiblesse beaucoup plus que la méchanceté.
● VERS 1607-1628. Le rôle du « sage » tenu par Cléante; comparez son intervention à celle de la scène V de l'acte premier et de la scène première de l'acte IV. Importance de l'allusion aux libertins (vers 1621).
■ SUR L'ENSEMBLE DE LA SCÈNE PREMIÈRE. — La situation en ce début d'acte. Le contraste entre deux caractères : la morale de l'indulgence chez Cléante; l'indignation chez Orgon.

1630 Qu'il n'est point de bienfait qu'en son âme il n'efface,
Et que son lâche orgueil, trop digne de courroux,
Se fait de vos bontés des armes contre vous?

ORGON

Oui, mon fils, et j'en sens des douleurs non pareilles.

DAMIS

Laissez-moi, je lui veux couper les deux oreilles.
1635 Contre son insolence on ne doit point gauchir[1];
C'est à moi tout d'un coup de vous en affranchir;
Et, pour sortir d'affaire, il faut que je l'assomme.

CLÉANTE

Voilà tout justement parler en vrai jeune homme;
Modérez, s'il vous plaît, ces transports[2] éclatants;
1640 Nous vivons sous un règne et sommes dans un temps
Où par la violence on fait mal ses affaires.

## Scène III. — MADAME PERNELLE, MARIANE, ELMIRE, DORINE, DAMIS, ORGON, CLÉANTE.

MADAME PERNELLE

Qu'est-ce? J'apprends ici de terribles mystères.

ORGON

Ce sont des nouveautés dont mes yeux sont témoins,
Et vous voyez le prix dont sont payés mes soins.
1645 Je recueille avec zèle* un homme en sa misère;
Je le loge et le tiens comme mon propre frère;
De bienfaits chaque jour il est par moi chargé;
Je lui donne ma fille et tout le bien que j'ai;
Et, dans le même temps, le perfide, l'infâme,
1650 Tente le noir dessein de suborner ma femme;
Et non content encor de ces lâches essais,
Il m'ose menacer de mes propres bienfaits
Et veut à ma ruine user des avantages
Dont le viennent d'armer mes bontés trop peu sages,

---

1. *Gauchir* : biaiser, fléchir; 2. *Transports* : voir vers 849 et la note.

─────── QUESTIONS ───────

■ SUR LA SCÈNE II. — Les sentiments qui poussent Damis à revenir, malgré la scène VI de l'acte III. La similitude de caractère entre le fils et le père. Quel est le but de Molière en faisant prononcer par Cléante les vers 1640-1641?

1655 Me chasser de mes biens où je l'ai transféré[1]
Et me réduire au point d'où je l'ai retiré.

DORINE

Le pauvre homme!

MADAME PERNELLE

Mon fils, je ne puis du tout croire
Qu'il ait voulu commettre une action si noire.

ORGON

Comment?

MADAME PERNELLE

Les gens de bien sont enviés toujours.

ORGON

1660 Que voulez-vous donc dire avec votre discours,
Ma mère?

MADAME PERNELLE

Que chez vous on vit d'étrange sorte,
Et qu'on ne sait que trop la haine qu'on lui porte.

ORGON

Qu'a cette haine à faire avec ce qu'on vous dit?

MADAME PERNELLE

Je vous l'ai dit cent fois quand vous étiez petit :
1665 La vertu, dans le monde, est toujours poursuivie;
Les envieux mourront, mais non jamais[2] l'envie.

ORGON

Mais que fait ce discours aux choses d'aujourd'hui?

MADAME PERNELLE

On vous aura forgé cent sots contes de lui.

ORGON

Je vous ai dit déjà que j'ai vu tout moi-même.

MADAME PERNELLE

1670 Des esprits médisants la malice est extrême.

ORGON

Vous me feriez damner, ma mère. Je vous di[3]

---

**1.** *Transférer* : terme juridique qui signifie « faire propriétaire »; **2.** *Non jamais* : renforcement populaire de la négation; **3.** *Di* : voir vers 311 et la note.

Que j'ai vu de mes yeux un crime si hardi.

MADAME PERNELLE

Les langues ont toujours du venin à répandre,
Et rien n'est ici-bas qui s'en puisse défendre.

ORGON

1675 C'est tenir un propos de sens bien dépourvu.
Je l'ai vu, dis-je, vu, de mes propres yeux vu,
Ce qu'on appelle vu. Faut-il vous le rebattre[1]
Aux oreilles cent fois et crier comme quatre?

MADAME PERNELLE

Mon Dieu! le plus souvent l'apparence déçoit[2] :
1680 Il ne faut pas toujours juger sur ce qu'on voit.

ORGON

J'enrage.

MADAME PERNELLE

       Aux faux soupçons la nature est sujette,
Et c'est souvent à mal que le bien s'interprète.

ORGON

Je dois interpréter à charitable* soin
Le désir d'embrasser ma femme?

MADAME PERNELLE

               Il est besoin,
1685 Pour accuser les gens, d'avoir de justes causes,
Et vous deviez attendre à[3] vous voir sûr des choses.

ORGON

Hé! diantre! le moyen de m'en assurer mieux?
Je devais donc, ma mère, attendre qu'à mes yeux
Il eût... Vous me feriez dire quelque sottise.

MADAME PERNELLE

1690 Enfin d'un trop pur zèle* on voit son âme éprise,
Et je ne puis du tout me mettre dans l'esprit
Qu'il ait voulu tenter les choses que l'on dit.

ORGON

Allez, je ne sais pas, si vous n'étiez ma mère,

---

1. *Rebattre* : répéter; 2. *Décevoir* : tromper; 3. *A* : de.

Ce que je vous dirais, tant je suis en colère.

DORINE

1695 Juste retour, monsieur, des choses d'ici-bas;
Vous ne vouliez point croire, et l'on ne vous croit pas.

CLÉANTE

Nous perdons des moments en bagatelles pures
Qu'il faudrait employer à prendre des mesures.
Aux[1] menaces du fourbe on doit ne dormir point.

DAMIS

1700 Quoi! son effronterie irait jusqu'à ce point?

ELMIRE

Pour moi, je ne crois pas cette instance[2] possible,
Et son ingratitude est ici trop visible.

CLÉANTE

Ne vous y fiez pas; il aura des ressorts[3]
Pour donner contre vous raison à ses efforts,
1705 Et sur moins que cela le poids d'une cabale
Embarrasse les gens dans un fâcheux dédale.
Je vous le dis encore : armé de ce qu'il a,
Vous ne deviez jamais le pousser jusque-là.

ORGON

Il est vrai; mais qu'y faire? A l'orgueil de ce traître,
1710 De mes ressentiments je n'ai pas été maître.

CLÉANTE

Je voudrais de bon cœur qu'on pût entre vous deux
De quelque ombre de paix raccommoder les nœuds[4].

ELMIRE

Si j'avais su qu'en main il a de telles armes,
Je n'aurais pas donné matière à tant d'alarmes,
1715 Et mes...

ORGON, *à Dorine.*

Que veut cet homme? Allez tôt le savoir,
Je suis bien en état que l'on me vienne voir!

---

1. *Aux :* en face de; 2. *Instance :* ici, poursuite en justice; 3. *Ressorts :* moyens secrets (ici, avec nuance péjorative, en accord avec *cabale*, au vers 1705); 4. Renouer de bonnes relations par une apparence de *paix*.

## Scène IV. — MONSIEUR LOYAL,
## MADAME PERNELLE, ORGON, DAMIS,
## MARIANE, DORINE, ELMIRE, CLÉANTE.

MONSIEUR LOYAL

Bonjour, ma chère sœur. Faites, je vous supplie,
Que je parle à monsieur.

DORINE

              Il est en compagnie.
Et je doute qu'il puisse à présent voir quelqu'un.

MONSIEUR LOYAL

1720 Je ne suis pas pour[1] être en ces lieux importun.
Mon abord[2] n'aura rien, je crois, qui lui déplaise,
Et je viens pour un fait dont il sera bien aise.

DORINE

Votre nom?

MONSIEUR LOYAL

          Dites-lui seulement que je vien[3]
De la part de monsieur Tartuffe, pour son bien*.

DORINE, *à Orgon.*

1725 C'est un homme qui vient, avec douce* manière,
De la part de monsieur Tartuffe, pour affaire
Dont vous serez, dit-il, bien aise.

CLÉANTE

                Il vous faut voir
Ce que c'est que cet homme et ce qu'il peut vouloir.

ORGON

Pour nous raccommoder il vient ici peut-être.
1730 Quels sentiments aurai-je à lui faire paraître?

---

1. *Être pour :* avoir l'intention de; 2. *Abord :* voir vers 1055 et la note; 3. *Vien :* voir vers 311 et la note.

---

**■ QUESTIONS** ──────────────

■ Sur la scène iii. — Pourquoi réunir ici tous les personnages? Comparez cette scène à la scène première de l'acte premier : l'effet de symétrie. Le rôle joué par Madame Pernelle dans ces deux scènes. Comparez les sentiments de chacun des personnages à ce qu'ils étaient au début de cette journée.

CLÉANTE

Votre ressentiment ne doit point éclater;
Et, s'il parle d'accord, il le faut écouter.

MONSIEUR LOYAL

Salut, monsieur. Le ciel* perde qui vous veut nuire
Et vous soit favorable autant que je désire!

ORGON

1735 Ce doux* début s'accorde avec mon jugement
Et présage déjà quelque accommodement.

MONSIEUR LOYAL

Toute votre maison[1] m'a toujours été chère,
Et j'étais serviteur de monsieur votre père.

ORGON

Monsieur, j'ai grande honte et demande pardon
1740 D'être sans vous connaître ou savoir votre nom.

MONSIEUR LOYAL

Je m'appelle Loyal, natif de Normandie,
Et suis huissier à verge[2], en dépit de l'envie.
J'ai depuis quarante ans, grâce au ciel, le bonheur
D'en exercer la charge avec beaucoup d'honneur,
1745 Et je vous viens, monsieur, avec votre licence[3],
Signifier l'exploit de certaine ordonnance[4].

ORGON

Quoi! vous êtes ici...

MONSIEUR LOYAL

           Monsieur, sans passion :
Ce n'est rien seulement qu'une sommation,
Un ordre de vider[5] d'ici, vous et les vôtres,
1750 Mettre vos meubles hors, et faire place à d'autres,
Sans délai ni remise, ainsi que besoin est.

ORGON

Moi! sortir de céans[6]?

---

1. *Maison* : famille; 2. *Huissier à verge* : ainsi nommé parce qu'une baguette était l'insigne de cette fonction; 3. *Licence* : permission; 4. *Ordonnance* : décision du juge en vertu de laquelle a été établi l'*exploit*, acte judiciaire concernant ici une saisie; 5. *Vider* : partir; 6. *Céans* : voir vers 46 et la note.

MONSIEUR  LOYAL

Oui, monsieur, s'il vous plaît.
La maison à présent, comme savez de reste,
Au bon monsieur Tartuffe appartient sans conteste.
1755 De vos biens désormais il est maître et seigneur,
En vertu d'un contrat duquel je suis porteur.
Il est en bonne forme, et l'on n'y peut rien dire.

DAMIS

Certes cette impudence est grande, et je l'admire.

MONSIEUR  LOYAL

Monsieur, je ne dois point avoir affaire à vous;
1760 C'est à monsieur : il est et raisonnable et doux*,
Et d'un homme de bien il sait trop bien l'office[1]
Pour se vouloir du tout[2] opposer à justice.

ORGON

Mais...

MONSIEUR  LOYAL

Oui, monsieur, je sais que pour un million
Vous ne voudriez pas faire rébellion,
1765 Et que vous souffrirez en honnête personne.
Que j'exécute ici les ordres qu'on me donne.

DAMIS

Vous pourriez bien ici sur votre noir jupon[3],
Monsieur l'huissier à verge, attirer le bâton.

MONSIEUR  LOYAL

Faites que votre fils se taise ou se retire,
1770 Monsieur; j'aurais regret d'être obligé d'écrire
Et de vous voir couché dans mon procès-verbal.

DORINE, *à part*.

Ce monsieur Loyal porte un air bien déloyal[4].

MONSIEUR  LOYAL

Pour tous les gens de bien j'ai de grandes tendresses[5],
Et ne me suis voulu, monsieur, charger des pièces
1775 Que pour vous obliger et vous faire plaisir,

---

**1.** *Office :* devoir; **2.** *Du tout :* en aucune façon; **3.** *Jupon :* pourpoint, long et ample, à grandes basques; **4.** Ce vers était, sans doute par erreur, prêté à Elmire dans l'édition originale; **5.** Les vers 1773 à 1785 étaient, suivant l'édition de 1682, supprimés à la représentation.

Que pour ôter par là le moyen d'en choisir
Qui, n'ayant pas pour vous le zèle\* qui me pousse,
Auraient pu procéder d'une façon moins douce\*.

ORGON

Et que peut-on de pis que d'ordonner aux gens
1780 De sortir de chez eux?

MONSIEUR LOYAL

On vous donne du temps,
Et jusques à demain je ferai surséance[1]
A l'exécution, monsieur, de l'ordonnance.
Je viendrai seulement passer ici la nuit
Avec dix de mes gens, sans scandale\* et sans bruit.
1785 Pour la forme, il faudra, s'il vous plaît, qu'on m'apporte,
Avant que[2] se coucher, les clefs de votre porte.
J'aurai soin de ne pas troubler votre repos
Et de ne rien souffrir qui ne soit à propos.
Mais demain, du matin[3], il vous faut être habile
1790 A vider de céans[4] jusqu'au moindre ustensile.
Mes gens vous aideront, et je les ai pris forts
Pour vous faire service à tout mettre dehors.
On n'en peut pas user mieux que je fais, je pense;
Et, comme je vous traite avec grande indulgence,
1795 Je vous conjure aussi, monsieur, d'en user bien,
Et qu'au dû[5] de ma charge on ne me trouble en rien.

ORGON, *bas*.

Du meilleur de mon cœur je donnerais sur l'heure
Les cent plus beaux louis de ce qui me demeure,
Et pouvoir[6] à plaisir sur ce mufle assener
1800 Le plus grand coup de poing qui se puisse donner.

CLÉANTE, *bas à Orgon*.

Laissez, ne gâtons rien.

DAMIS

A cette audace étrange
J'ai peine à me tenir, et la main me démange.

---

1. *Surséance* : délai légal; 2. *Avant que* : suivi de l'infinitif; peu correct selon Vaugelas, qui recommandait « avant que de »; 3. *Du matin* : de bon matin; 4. *Céans* : voir vers 46 et la note; 5. *Au dû* : dans l'accomplissement de mon devoir; 6. *Et pouvoir* : pour pouvoir; coordination libre de cet infinitif de souhait à un conditionnel.

#### DORINE

Avec un si bon dos, ma foi, monsieur Loyal,
Quelques coups de bâton ne vous siéraient pas mal.

#### MONSIEUR  LOYAL

1805 On pourrait bien punir ces paroles infâmes,
Mamie, et l'on décrète aussi contre les femmes.

#### CLÉANTE

Finissons tout cela, monsieur; c'en est assez.
Donnez tôt ce papier, de grâce, et nous laissez.

#### MONSIEUR  LOYAL

Jusqu'au revoir. Le ciel* vous tienne tous en joie!

#### ORGON

1810 Puisse-t-il te confondre, et celui qui t'envoie!

## Scène V. — ORGON, CLÉANTE, MARIANE, ELMIRE, MADAME PERNELLE, DORINE, DAMIS.

#### ORGON

Eh bien! vous le voyez, ma mère, si j'ai droit[1],
Et vous pouvez juger du reste par l'exploit[2].
Ses trahisons enfin vous sont-elles connues?

#### MADAME PERNELLE

Je suis toute ébaudie[3], et je tombe des nues.

#### DORINE

1815 Vous vous plaignez à tort, à tort vous le blâmez,

---

**1.** *Avoir droit :* avoir raison; **2.** *Exploit :* acte signifié par un huissier; **3.** *Ébaudie :* proprement, rendue bègue par la surprise; *toute :* Vaugelas (*Remarques sur la langue française*, 1647) exige l'accord, que l'on ne fait plus aujourd'hui dans ce cas.

——————— QUESTIONS ———————

■ Sur la scène iv. — La composition de cette scène, centrée sur un seul personnage, en fonction duquel les autres réagissent. Analysez le comique ici. Dans quelle mesure équilibre-t-il le tragique vers lequel on se sent glisser? La stupeur dont les personnages ne sortent que pour lancer une brève réplique ou pour un aparté. En quoi les réactions d'hostilité des assistants témoignent-elles de leur impuissance devant Monsieur Loyal, symbole de la Loi?

— Monsieur Loyal : le jeu de mot sur son nom. Comment s'harmonisent en lui l'exercice de sa fonction et la pratique de l'hypocrisie? Sa parenté psychologique avec Tartuffe. La délectation qu'il éprouve à faire souffrir les gens.

— Comment prend corps, avec Monsieur Loyal, l'image de la « cabale », véritable réseau d'hypocrites? Le problème social ainsi posé?

Et ses pieux* desseins par là sont confirmés.
Dans l'amour du prochain* sa vertu se consomme[1];
Il sait que très souvent les biens corrompent l'homme,
Et, par charité* pure, il veut vous enlever
1820 Tout ce qui vous peut faire obstacle à vous sauver*.

ORGON

Taisez-vous : c'est le mot qu'il vous faut toujours dire.

CLÉANTE

Allons voir quel conseil on doit vous faire élire[2].

ELMIRE

Allez faire éclater[3] l'audace de l'ingrat.
Ce procédé détruit la vertu du contrat;
1825 Et sa déloyauté va paraître trop noire
Pour souffrir[4] qu'il en ait le succès qu'on veut croire.

SCÈNE VI. — VALÈRE, ORGON, CLÉANTE,
ELMIRE, MARIANE.

VALÈRE

Avec regret, monsieur, je viens vous affliger;
Mais je m'y vois contraint par le pressant danger.
Un ami qui m'est joint d'une amitié fort tendre,
1830 Et qui sait l'intérêt qu'en vous j'ai lieu de prendre,
A violé pour moi, par un pas[5] délicat,
Le secret que l'on doit aux affaires d'État,
Et me vient d'envoyer un avis dont la suite[6]
Vous réduit au parti d'une soudaine fuite.
1835 Le fourbe qui longtemps a pu vous imposer[7]
Depuis une heure au prince a su vous accuser
Et remettre en ses mains, dans les traits qu'il vous jette[8],

---

1. *Se consommer :* arriver à sa perfection; 2. *Élire :* voir vers 573 et la note; *conseil :* décision; 3. *Faire éclater :* révéler d'une façon retentissante; 4. *Pour souffrir :* pour que l'on supporte; 5. *Pas :* démarche; 6. *Suite :* conséquence; 7. *Imposer :* faire illusion; 8. Parmi les accusations qu'il lance contre vous.

─────── QUESTIONS ───────

■ SUR LA SCÈNE V. — L'attitude d'Orgon : cherchez les causes psychologiques de son besoin de triompher sur quelqu'un ou sur quelque chose dans les circonstances actuelles (vers 1811-1813). Soulignez l'anéantissement de Madame Pernelle. L'ironie de Dorine n'est-elle pas déplacée, malgré sa légitimité? Imaginez le ton du vers 1821 : lassitude ou sursaut d'autorité? En quoi le raisonnement d'Elmire est-il plus affectif que réaliste? Cependant, ne va-t-il pas dans le sens de notre espoir, qu'il encourage discrètement? L'intérêt dramatique de cette scène.

D'un criminel d'État l'importante cassette,
Dont, au mépris, dit-il, du devoir d'un sujet,
1840 Vous avez conservé le coupable secret.
J'ignore le détail du crime[1] qu'on vous donne,
Mais un ordre est donné contre votre personne,
Et lui-même est chargé, pour mieux l'exécuter,
D'accompagner celui qui vous dois arrêter.

CLÉANTE

1845 Voilà ses droits armés, et c'est par où le traître
De vos biens, qu'il prétend[2], cherche à se rendre maître.

ORGON

L'homme est, je vous l'avoue, un méchant animal.

VALÈRE

Le moindre amusement[3] vous peut être fatal.
J'ai, pour vous emmener, mon carrosse à la porte,
1850 Avec mille louis qu'ici je vous apporte.
Ne perdons point de temps, le trait est foudroyant,
Et ce sont de ces coups que l'on pare en fuyant.
A vous mettre en lieu sûr je m'offre pour conduite
Et veux accompagner jusqu'au bout votre fuite.

ORGON

1855 Las! que ne dois-je point à vos soins obligeants!
Pour vous en rendre grâce il faut un autre temps,
Et je demande au ciel* de m'être assez propice
Pour reconnaître un jour ce généreux service.
Adieu, prenez le soin, vous autres...

CLÉANTE

Allez tôt;
1860 Nous songerons, mon frère, à faire ce qu'il faut.

---

1. *Crime :* grief; 2. *Prétendre :* revendiquer; 3. *Amusement :* voir vers 215 et la note.

--- QUESTIONS ---

■ Sur la scène VI. — La progression dramatique. Pourquoi et comment Molière utilise-t-il Valère, perdu de vue depuis l'acte II?
— Les qualités du récit de Valère : clarté, dynamisme. Faites l'historique rapide de la cassette (vers 1838). Situez Valère sur le plan social d'après les indications qu'il donne. Rapprochez-le de Cléante : lucidité, énergie, efficacité.
— Cette scène pourrait-elle constituer le dénouement au point de vue dramatique? comique? moral?

## Scène VII. — L'EXEMPT[1], TARTUFFE, VALÈRE, ORGON, ELMIRE, MARIANE, etc.

TARTUFFE

Tout beau, monsieur, tout beau, ne courez point si vite;
Vous n'irez pas fort loin pour trouver votre gîte,
Et de la part du prince on vous fait prisonnier.

ORGON

Traître, tu me gardais ce trait pour le dernier!
1865 C'est le coup, scélérat, par où tu m'expédies[2],
Et voilà couronner toutes tes perfidies.

TARTUFFE

Vos injures n'ont rien à[3] me pouvoir aigrir,
Et je suis pour le ciel* appris[4] à tout souffrir.

CLÉANTE

La modération est grande, je l'avoue!

DAMIS

1870 Comme du ciel* l'infâme impudemment se joue!

TARTUFFE

Tous vos emportements ne sauraient m'émouvoir,
Et je ne songe à rien qu'à faire mon devoir.

MARIANE

Vous avez de ceci grande gloire à prétendre,
Et cet emploi pour vous est fort honnête à prendre.

TARTUFFE

1875 Un emploi ne saurait être que glorieux
Quand il part du pouvoir qui m'envoie en ces lieux.

ORGON

Mais t'es-tu souvenu que ma main charitable*,
Ingrat, t'a retiré d'un état misérable?

TARTUFFE

Oui, je sais quels secours j'en ai pu recevoir;
1880 Mais l'intérêt du prince est mon premier devoir;

---

1. *L'exempt* : l'officier royal chargé des arrestations; 2. *Expédier* : achever, porter le dernier coup; 3. *A* : pour; 4. *Etre appris* : être instruit; emploi vieilli qui ne subsiste que dans les expressions : « bien, mal appris ».

De ce devoir sacré la juste violence
Étouffe dans mon cœur toute reconnaissance,
Et je sacrifierais à de si puissants nœuds
Amis, femme, parents, et moi-même avec eux.

ELMIRE

1885 L'imposteur!

DORINE

Comme il sait de traîtresse manière
Se faire un beau manteau de tout ce qu'on révère!

CLÉANTE

Mais, s'il est si parfait que vous le déclarez,
Ce zèle* qui vous pousse et dont vous vous parez,
D'où vient que pour paraître il s'avise d'attendre
1890 Qu'à poursuivre sa femme il ait su vous surprendre,
Et que vous ne songez à l'aller dénoncer
Que lorsque son honneur l'oblige à vous chasser?
Je ne vous parle point, pour devoir en distraire[1],
Du don de tout son bien qu'il venait de vous faire;
1895 Mais, le voulant traiter en coupable aujourd'hui,
Pourquoi consentiez-vous à rien[2] prendre de lui?

TARTUFFE, *à l'exempt.*

Délivrez-moi, monsieur, de la criaillerie,
Et daignez accomplir votre ordre, je vous prie.

L'EXEMPT

Oui, c'est trop demeurer, sans doute, à l'accomplir.

---

1. *Pour devoir en distraire :* alors que ce don aurait dû vous détourner de dénoncer Orgon; 2. *Rien :* quelque chose; valeur positive conforme à l'étymologie.

──────── ■ QUESTIONS ────────────────

● Vers 1861-1884. L'arrivée de Tartuffe a beau avoir été annoncée (vers 1843-1844), ne produit-elle pas grand effet? — L'attitude de Tartuffe : s'il triomphe insolemment d'Orgon, comment adapte-t-il son hypocrisie à la situation? A l'usage de qui? Commentez sa reprise des expressions mêmes d'Orgon aux vers 1883-1884. Expliquez pourquoi sa supériorité réside dans le fait qu'il ajoute *moi-même.* Appréciez le renversement psychologique apparent de Mariane attaquant Tartuffe de front, tandis que son père cherche à apitoyer.
● Vers 1885-1898. Soulignez l'adaptation rigoureuse des exclamations d'Elmire et de Dorine à l'attitude de Tartuffe, ici; montrez qu'elles expriment la position de Molière à l'égard de son personnage. Quel effet imaginez-vous que fassent ces réflexions sur l'hypocrite? Dans la réplique de Cléante, analysez l'art de toucher le point sensible de l'adversaire, l'habileté à informer indirectement l'exempt, représentant du roi. Quel sentiment témoigne l'ordre donné par Tartuffe à l'exempt?

1900 Votre bouche à propos m'invite à le remplir;
    Et, pour l'exécuter, suivez-moi tout à l'heure[1]
    Dans la prison qu'on doit vous donner pour demeure.

TARTUFFE

Qui? moi, monsieur?

L'EXEMPT
Oui, vous.

TARTUFFE
Pourquoi donc la prison?

L'EXEMPT

Ce n'est pas vous à qui j'en veux rendre raison.
    *(A Orgon.)*
1905 Remettez-vous, monsieur, d'une alarme si chaude.
    Nous vivons sous un prince ennemi de la fraude,
    Un prince dont les yeux se font jour dans les cœurs,
    Et que ne peut tromper tout l'art des imposteurs.
    D'un fin discernement sa grande âme pourvue[2]
1910 Sur les choses toujours jette une droite vue;
    Chez elle jamais rien ne surprend trop d'accès[3],
    Et sa ferme raison ne tombe en nul excès.
    Il donne aux gens de bien une gloire immortelle,
    Mais sans aveuglement il fait briller ce zèle*,
1915 Et l'amour pour les vrais ne ferme point son cœur
    A tout ce que les faux doivent donner d'horreur.
    Celui-ci n'était pas pour[4] le pouvoir surprendre,
    Et de pièges plus fins on le voit se défendre.
    D'abord[5] il a percé par ses vives clartés
1920 Des replis de son cœur toutes les lâchetés.
    Venant vous accuser, il[6] s'est trahi lui-même
    Et, par un juste trait de l'équité suprême,
    S'est découvert au prince un fourbe renommé
    Dont sous un autre nom il était informé;
1925 Et c'est un long détail d'actions toutes noires
    Dont on pourrait former des volumes d'histoires.

---

1. *Tout à l'heure* : sur-le-champ; 2. Les vers 1909 à 1916 étaient, suivant l'édition de 1682, supprimés à la représentation; de même pour les vers 1919 à 1925 et 1929 à 1932; 3. *Surprendre trop d'accès* : se faire écouter trop facilement par surprise; 4. *Etre pour* : être capable; 5. *D'abord* : aussitôt, immédiatement; 6. *Il* : Tartuffe.

--- **QUESTIONS** ---

● VERS 1899-1904. Appréciez la force de ce coup de théâtre. Soulignez le contraste qui l'appuie.

Ce monarque, en un mot, a vers[1] vous détesté
Sa lâche ingratitude et sa déloyauté;
A ces autres horreurs il a joint cette suite[2]
1930 Et ne m'a jusqu'ici soumis à sa conduite
Que pour voir l'impudence aller jusques au bout
Et vous faire par lui faire raison[3] de tout.
Oui, de tous vos papiers, dont il[4] se dit le maître,
Il veut qu'entre vos mains je dépouille le traître.
1935 D'un souverain pouvoir, il brise les liens
Du contrat qui lui fait un don de tous vos biens,
Et vous pardonne enfin cette offense secrète
Où vous a d'un ami fait tomber la retraite[5] ;
Et c'est le prix qu'il donne au zèle qu'autrefois
1940 On vous vit témoigner en appuyant ses droits[6],
Pour montrer que son cœur sait, quand moins on y pense,
D'une bonne action verser la récompense,
Que jamais le mérite avec lui ne perd rien,
Et que mieux que du mal il se souvient du bien.

DORINE

1945 Que le ciel soit loué!

MADAME PERNELLE

Maintenant je respire.

ELMIRE

Favorable succès[7]!

MARIANE

Qui l'aurait osé dire?

ORGON, *à Tartuffe.*

Hé bien, te voilà, traître...

---

1. *Vers :* envers; *vers vous* se rattache à *ingratitude* et à *déloyauté ;* 2. Le roi a ajouté au compte des autres crimes de Tartuffe celui-ci, qui en est la suite; 3. *Faire raison :* expliquer un fait obscur, étonnant; 4. *Il :* Tartuffe; au début du vers suivant, le même pronom désigne le roi; 5. Que l'exil d'un ami vous a fait faire; 6. Allusion à la fidélité d'Orgon au roi pendant la Fronde (voir vers 181 et suivants); 7. *Succès :* issue.

──────── QUESTIONS ────────

● Vers 1905-1944. Composition de cette tirade. La majesté qui l'empreint, même dans le vers 1905. Quel est le sens et quelle était l'opportunité de l'éloge du prince par quoi elle débute? — La carrière de Tartuffe : en faisant de lui un escroc professionnel, Molière pouvait-il calmer les objections de ceux qui avaient critiqué les deux premiers *Tartuffe?*

CLÉANTE

Ah! mon frère, arrêtez,
Et ne descendez point à des indignités,
A son mauvais destin laissez un misérable,
1950 Et ne vous joignez point au remords qui l'accable.
Souhaitez bien plutôt que son cœur, en ce jour,
Au sein de la vertu fasse un heureux retour,
Qu'il corrige sa vie en détestant son vice
Et puisse du grand prince adoucir la justice,
1955 Tandis qu'à sa bonté vous irez à genoux
Rendre ce que demande un traitement si doux.

ORGON

Oui, c'est bien dit. Allons à ses pieds avec joie
Nous louer des bontés que son cœur nous déploie;
Puis, acquittés un peu de ce premier devoir,
1960 Aux justes soins d'un autre il nous faudra pourvoir,
Et par un doux hymen couronner en Valère
La flamme[1] d'un amant généreux et sincère.

_____

1. *Flamme :* voir vers 738 et la note.

─────── **QUESTIONS** ───────

● Vers 1945-1948. Montrez que chaque personnage, mécaniquement, réagit comme on l'attendait. En quoi Cléante est-il un vrai chrétien?

■ Sur l'ensemble de la scène vii. — La valeur scénique de ce dénouement : ampleur et majesté. Aspect de la parade parfois un peu schématique : les personnages s'y montrent des types ou des ombres plus que des individus. La valeur historique de cette scène où Molière acquitte sa dette envers Louis XIV qui l'a soutenu dans sa lutte. Importance de cette association de la pièce et du prince dans le triomphe.

■ Sur l'ensemble de l'acte V. — Dégagez l'atmosphère générale de cet acte. Peut-on hésiter entre comédie et drame heureusement dénoué? Analysez le comique.
— L'invraisemblance du dénouement (la donation d'Orgon était nulle; mais le roi ne pouvait annuler un tel contrat sans l'accord des magistrats). L'attitude de l'exempt n'est-elle pas un peu incroyable?
— La moralité de la comédie : la simplifiication comique n'aboutit-elle pas à une certaine idéalisation des personnages et des sentiments? comment Cléante annonce-t-il la conversion de Tartuffe?

# JUGEMENTS SUR « LE TARTUFFE »

## XVIIe SIÈCLE

*Les autorités catholiques jugèrent très sévèrement la pièce, au point qu'ils la firent interdire :*

Une comédie très dangereuse et qui est d'autant plus capable de nuire à la religion que, sous prétexte de condamner l'hypocrisie ou la fausse dévotion, elle donne lieu d'en accuser indifféremment tous ceux qui font profession de la plus solide piété et les expose par ce moyen aux railleries et aux calomnies continuelles des libertins.

*Ordonnance* de Péréfixe, archevêque de Paris
(11 août 1667).

*Dans* la Promenade de Saint-Cloud *de* Gabriel Guéret, *dialogue écrit sans doute en mai 1669, trois amis adressent quelques reproches d'ordre purement littéraire au* Tartuffe, *qu'ils admirent d'ailleurs en général. L'un dit :*

Je n'aime point que l'imposteur, pour exprimer son amour, se serve de mots consacrés à la religion. La nouveauté de ces termes est capable d'effaroucher une belle, ou, tout au moins, d'attirer sa raillerie.

*Un autre critique le dénouement :* Encore s'il avait préparé ce dénouement; mais il n'y a rien qui le dispose ni qui le rende vraisemblable; car l'affaire n'a pas éclaté... — Que ne dénouait-il sa pièce par quelque nullité de la donation? Cela aurait été plus naturel; et du moins les gens de robe l'auraient trouvé bon.

Gabriel Guéret,
*La Promenade de Saint-Cloud* (1669).

*Dans un* Sermon sur l'hypocrisie, *dont on fixe volontiers la date vers 1691, Bourdaloue vise directement le* Tartuffe. *Le climat d'austérité qui règne à la cour depuis 1685 fait nettement sentir ses effets :*

Comme la fausse dévotion tient en beaucoup de choses de la vraie, comme la fausse et la vraie ont je ne sais combien d'actions qui leur sont communes; comme les dehors de l'une et de l'autre sont presque tout semblables, il est non seulement aisé, mais d'une suite presque nécessaire, que la même raillerie qui attaque l'une intéresse l'autre, et que les traits dont on peint celle-ci défigurent celle-là, à moins qu'on n'y apporte toutes les précautions d'une charité prudente, exacte et bien intentionnée; ce que le libertinage n'est pas en disposition de faire. Et voilà, chrétiens, ce qui est arrivé, lorsque des esprits profanes, et bien éloignés de vouloir entrer dans les intérêts de Dieu, ont entrepris de censurer l'hypocrisie, non point pour en réformer l'abus, ce qui n'est pas de leur ressort, mais pour faire une espèce de diversion dont le libertinage pût profiter, en concevant et faisant concevoir d'injustes soupçons de la vraie piété, par de malignes représentations de la fausse. Voilà ce qu'ils ont prétendu, exposant sur le théâtre et à la risée publique un hypocrite imaginaire, ou même, si vous voulez, un hypocrite réel, et tournant dans sa personne les choses les plus saintes en ridicule, la crainte des jugements de Dieu, l'horreur du péché, les pratiques les plus louables en elles-mêmes et les plus chrétiennes. Voilà ce qu'ils ont affecté, mettant dans la bouche de cet hypocrite des maximes de religion faiblement soutenues, en même temps qu'ils les supposaient fortement attaquées; lui faisant blâmer les scandales du siècle d'une manière extravagante; le représentant consciencieux jusqu'à la délicatesse et au scrupule sur les points moins importants, où toutefois il le faut être, pendant qu'il se portait d'ailleurs aux crimes les plus énormes; le montrant sous un visage de pénitent qui ne servait qu'à couvrir ses infamies; lui donnant, selon leur caprice, un caractère de piété la plus austère, ce semble, et la plus exemplaire, mais, dans le fond, la plus mercenaire et la plus lâche.

Bourdaloue,
*Sermon sur l'hypocrisie* (1691).

## XVIIIᵉ SIÈCLE

*Les « philosophes » étaient prêts à souligner malicieusement l'évolution des jugements sur la pièce; et les idées de Cléante s'harmonisaient assez bien avec le déisme pour qu'on en fît mention particulière :*

Aujourd'hui, bien des gens regardent comme une leçon de morale cette même pièce qu'on trouvait autrefois si scandaleuse. On peut hardiment avancer que les discours de Cléante, dans lesquels la vertu vraie et éclairée est opposée à la dévotion imbécile d'Orgon, sont, à quelques expressions près, le plus fort et le plus élégant sermon que nous ayons en notre langue.

Voltaire (1739).

*Massillon, prédicateur chrétien (1663-1742), témoigne dans ce jugement que la religion, au temps de Voltaire, était devenue beaucoup plus souple, sinon même plus indulgente :*

Je conviens que l'hypocrite est digne de l'exécration de Dieu et des hommes; que l'abus qu'il fait de la religion est le plus grand de tous les crimes; que les dérisions et les satires sont trop douces pour décrier un vice qui mérite l'horreur du genre humain; et qu'un théâtre profane a eu tort de ne donner que du ridicule à un caractère abominable.

Massillon (1705),
*Sermon sur l'injustice du monde envers les gens de bien.*

## XIX<sup>e</sup> SIÈCLE

*Stendhal (notes recueillies dans les éditions posthumes de Racine et Shakespeare) insiste sur cette idée que le théâtre de Molière est admirable, mais non comique :*

Il n'y a rien de comique à voir Orgon maudire et chasser son fils qui vient d'accuser Tartuffe d'un crime évident; et cela parce que Tartuffe répond avec des phrases volées au catéchisme et qui ne prouvent rien. L'œil aperçoit tout à coup une des profondeurs du cœur humain, mais une profondeur plus curieuse que riante [...] Nous sommes trop attentifs, et j'oserais dire trop passionnés pour rire.

*Napoléon Ier réagissait en homme d'Etat en face de la pièce :*

Certainement, a-t-il dit, l'ensemble du *Tartuffe* est de main de maître; c'est un des chefs-d'œuvre d'un homme inimitable; toutefois cette pièce porte un tel caractère, que je ne suis nullement étonné que son apparition ait été l'objet de fortes négociations à Versailles, et de beaucoup d'hésitation dans Louis XIV. Si j'ai le droit de m'étonner de quelque chose, c'est qu'il l'ait laissé jouer; elle présente, à mon avis, la dévotion sous des couleurs si odieuses, une certaine scène offre une situation si décisive, si complètement indécente, que, pour mon propre compte, je n'hésite pas à dire que, si la pièce eût été faite de mon temps, je n'en aurais pas permis la représentation.

Las Cases,
*Mémorial de Sainte-Hélène* (noté en 1816).

*F. Sarcey juge d'un point du vue d'homme de théâtre :*

De toutes les pièces de Molière, et j'oserais presque dire de toutes les pièces de tous les genres et de tous les pays, *Tartuffe* est la seule qui amuse également tout le monde, de quelque façon et en quelque théâtre qu'elle soit jouée.

Francisque Sarcey,
*Quarante Ans de théâtre* (1900).

*Brunetière se prononce à son tour sur ce problème du comique dans le Tartuffe :*

Je ne nie point, vous l'entendez bien, qu'il y ait à rire et beaucoup à rire dans *Tartuffe*. Non seulement les rôles d'Orgon et de Dorine — quoiqu'ils le soient diversement — sont comiques d'un bout à l'autre; mais évidemment Molière, comme s'il se sentait entraîné par la force de la situation, n'a rien négligé de ce qu'il pouvait faire pour maintenir le drame au diapason de la comédie :

M$^{me}$ Pernelle elle-même, Valère et Mariane, M. Loyal surtout, ne sont pas là pour autre chose. Mais quoi! ce n'est pas ainsi, — par doit et avoir, par addition et par soustraction, — que l'on juge de la signification d'une pièce ou d'un livre, c'est par l'impression totale qu'on en reçoit; et pour ma part, plus j'y ai songé, plus il m'a semblé que l'impression de *Tartuffe* était décidément d'un drame.

Ferdinand Brunetière,
*Les Époques du théâtre français* (1891).

## XX$^e$ SIÈCLE

Tartuffe dans sa vengeance paraît aussi maladroit et aveugle que Julien (Sorel). Des propositions d'accommodement lui sont faites. S'il s'appelait Onuphre, s'il ne cherchait que son avantage et son établissement, si c'était aussi un être logique selon La Bruyère et Faguet, il les examinerait, dirait ses exigences et, avec les armes terribles qu'il a en main, ferait chanter à Orgon toutes les notes de la gamme. Au lieu de cela, lui qui porte tant de noires histoires sur la conscience, qui est recherché par la justice, et à qui la police doit inspirer toutes les méfiances, se précipite chez La Reynie, les papiers d'Orgon à la main. [...] Tartuffe n'a pas subi un échec ordinaire, mais une humiliation atroce. Il ne se voit pas du point de vue du parterre, ni du critique littéraire, ni du moraliste. Il se voit de son point de vue intérieur à lui, du fond de sa chair, livré par la femme qu'il aime à l'imbécile qu'il méprise.

Albert Thibaudet,
*Stendhal* (p. 116 sqq.) [1931].

Sous prétexte que Molière est un auteur comique et non point un réformateur, on prétend aujourd'hui qu'il ne voulait faire la satire ni de la religion ni de l'hypocrisie, et qu'il n'avait d'autre ambition que d'écrire une comédie. Au dire de ces critiques à la fois graves et frivoles, *Tartuffe* ne serait rien d'autre qu'une histoire de cocu. Molière aurait voulu nous faire rire d'Orgon comme nous avions ri de Sganarelle et d'Arnolphe.

Il y a dans ce parti pris de réduire la portée des œuvres de Molière et de nier les plus fortes évidences, dans cette façon de brouiller les données d'un problème pour le rendre insoluble, quelque chose d'admirable. Molière ne se donnait certes pas pour un réformateur social. Pas plus, au reste, qu'Aristophane. Mais comme le terrible satirique des *Guêpes* ou des *Nuées*, il aimait la lutte, il se plaisait à flageller les travers, à dénoncer le scandale, à railler les ridicules.

Antoine Adam,
*Histoire de la littérature française au XVII$^e$ siècle*, t. III (1952).

# SUJETS DE DEVOIRS ET D'EXPOSÉS

## NARRATIONS

● Lamoignon vient d'interdire *le Tartuffe* (6 août 1667). A cette date Boileau commence à fréquenter le salon du dévot magistrat (voir l' « Avis au lecteur » du *Lutrin*); on sait qu'il est l'ami, presque le disciple de Molière : il a bataillé pour lui dans la querelle de *l'Ecole des femmes;* l'année précédente a paru le recueil des *Satires;* la deuxième est adressée à Molière; les ennemis du *Tartuffe* sont raillés dans le *Discours au roi*. Imaginez une discussion au cours de laquelle Boileau prendra, dans ce salon peu sympathique à Molière, la défense de son ami.

● La Grange écrit dans son *Registre :* « Le 8 (août 1667) le sieur de La Thorillière et moi, de La Grange, sommes partis de Paris en poste, pour aller trouver le Roi au sujet de ladite défense. (Ils vont lui porter le deuxième *Placet* de Molière.) Sa Majesté était au siège de Lille en Flandre, où nous fûmes très bien reçus. Monsieur [le frère du roi] nous protégea à son ordinaire, et Sa Majesté nous fit dire qu'à son retour à Paris il ferait examiner la pièce de *Tartuffe*, et que nous la jouerions. Après quoi, nous sommes revenus. » A leur retour les deux comédiens rendent compte de leur voyage à leur directeur.

● Faites un portrait détaillé de Monsieur Loyal; imaginez qu'il raconte à un ami l' « affaire Tartuffe-Orgon ».

● Imaginez un dialogue entre Laurent et Dorine.

## DISSERTATIONS ET EXPOSÉS

● La peinture d'une famille bourgeoise parisienne au XVIIᵉ siècle d'après *le Tartuffe*.

● Comment l'intérêt dramatique est-il ménagé tout au long du *Tartuffe?* Etudiez en particulier l'art des « préparations ».

● Montrez que le dénouement du *Tartuffe* est à la fois conforme aux exigences de la situation et aux intentions profondes de Molière.

● Expliquez ce jugement de Goethe sur l'exposition du *Tartuffe* : c'est « en ce genre ce qu'il y a de plus grand ».

● Que pensez-vous, appliqué au *Tartuffe*, de ce jugement de Jacques Copeau : « Molière porte dans la haute comédie cette allure brusquée, cette respiration large, cette franchise qui lui venaient de la basse comédie »?

● Appréciez cette indication de Fr. Mauriac : « Un Tartuffe à demi sincère eût été sublime de vérité, et partant d'un atroce comique. [...] D'un Tartuffe à demi sincère nous devrions toujours avoir l'image présente pour nous tenir sur nos gardes. »

● Comparez Tartuffe et Dom Juan hypocrite (acte V, scène I).

● Discutez ce jugement de J. Lemaitre : « (Tartuffe) a, par endroits, des finesses, des ironies presque imperceptibles, des airs détachés qui ne sont plus d'un vulgaire sacristain, mais qui sentent leur homme du monde et leur homme d'esprit. »

● Appliquez ce jugement de Rigal sur l'attitude de Tartuffe dans la scène III de l'acte III à l'ensemble de la pièce : « Il est comique incontestablement. Il l'est d'abord parce que son masque d'honnête dévot le gêne singulièrement pour s'expliquer et qu'Elmire feint longtemps de ne pas le comprendre. Il l'est ensuite parce que, toute sa casuistique étant percée à jour par Elmire, plus il s'efforce de la gagner, plus il l'éloigne et se compromet lui-même. Il l'est enfin parce que, lui, le dupeur de profession, va être trompé par une âme sincère, droite, à qui la fourberie répugne et qui n'y a recours qu'en désespoir de cause » (*Molière*, I, p. 264).

● Tartuffe est-il, comme il est dit dans la *Lettre sur la comédie de* « *l'Imposteur* », « cause directement ou indirectement de tout ce qui se passe » dans la pièce ?

● Elmire est définie dans la *Lettre sur la comédie de* « *l'Imposteur* » « une vraie femme de bien qui connaît parfaitement ses véritables devoirs et qui y satisfait jusqu'au scrupule ». Que pensez-vous de ce jugement ?

● Expliquez et discutez ce jugement d'É. Faguet : « C'est d'Orgon que Molière s'est moqué, d'Orgon l'honnête homme. Soit. Mais ne remarque-t-on pas que Molière s'est *toujours moqué des honnêtes gens*. Il dévoile, à travers leurs excellentes parties, le défaut dont ils souffrent, le défaut par où ils prêtent le flanc aux coquins, et il le leur montre... C'est en cela que consiste la vraie comédie » (*Propos de théâtre*, I, p. 184 et suivantes).

● Tartuffe et Onuphre (La Bruyère, *Caractères*, XIII, 24).

● Discutez ce jugement de Ramon Fernandez : « Orgon et Argan sont une seule et même personne soumise à des hypnoses différentes. L'un est fasciné par le salut de son âme, l'autre par le salut de son corps. Cet hypnotisme littéral, dans l'un et l'autre cas, est dû à l'influence de certains professionnels qui se sont rendus maîtres des paroles et des actes de leur sujet, ou de leur victime » (*la Vie de Molière*) [1929].

● Commentez et appréciez cette affirmation du comédien Fernand Ledoux :
« Il faut détruire toute cette légende d'athéisme qui s'est créée autour d'une œuvre d'inspiration tout aussi chrétienne que le *Polyeucte* de Corneille. Si la représentation de *Tartuffe* laisse planer le moindre doute sur la pureté des intentions de l'auteur, soyez convaincu qu'il y a trahison. »

● Expliquez et jugez cette opinion de Pierre Aimé Touchard :
« Molière a le premier et le seul réussi à créer une comédie vraiment drôle, frôlant la farce, et qui ait pourtant la dignité de ton, l'ampleur de clavier et l'intensité dramatique de la tragédie.

« Mais il n'a pu le réussir qu'en maintenant à la scène les contradictions qui l'habitaient grâce à ces étonnantes créations couplées de personnages comme Alceste et Philinte, Dom Juan et Sganarelle, Tartuffe et Orgon, Chrysale et Ariste » (journal *le Monde*, 1er février 1963).

# TABLE DES MATIÈRES

Pages

Résumé chronologique de la vie de Molière................. 4

Molière et son temps....................................... 6

Bibliographie sommaire..................................... 8

Notice sur « le Tartuffe »................................. 9

Lexique ................................................... 23

Préface du « Tartuffe ».................................... 27

Premier acte............................................... 33

Deuxième acte.............................................. 54

Troisième acte ............................................ 79

Quatrième acte............................................. 100

Cinquième acte............................................. 118

Jugements sur « le Tartuffe ».............................. 137

Sujets de devoirs et d'exposés............................. 141

*Illustration de la couverture :* Fernand Ledoux dans le rôle de Tartuffe. — *Phot. Lipnitzki.*

Imp. LAROUSSE, 1 à 9, rue d'Arcueil, Montrouge (Seine).
Mai 1965. — Dépôt légal 1965-2ᵉ. — Nᵒ 3060. — Nᵒ de série Editeur 3092.
IMPRIMÉ EN FRANCE (*Printed in France*). — 35.700 B-5-65.

# les dictionnaires Larousse

*sont constamment tenus à jour :*

**en un volume**

## PETIT LAROUSSE

Une netteté incomparable (imprimé en offset). Les mots les plus récents; toutes les définitions renouvelées. Des renseignements encyclopédiques rigoureusement à jour aussi bien dans la partie « vocabulaire » que dans la partie « noms propres ».
1 808 pages (14,5 × 21 cm), 5 130 ill. et 114 cartes en noir, 48 h.-t. en couleurs, atlas de 24 pages.

Existe également en édition de luxe, papier bible, reliure pleine peau.

## LAROUSSE CLASSIQUE

Le dictionnaire du baccalauréat, de la 6e à l'examen : sens moderne et classique des mots, tableaux de révisions, cartes historiques, etc. 1 290 pages (14 × 20 cm), 53 tableaux historiques, 153 planches en noir, 48 h.-t. et 64 cartes en noir et en couleurs.

## DICTIONNAIRE
## DU VOCABULAIRE ESSENTIEL

par G. Matoré, directeur des Cours de Civilisation française à la Sorbonne. Les 5 000 mots fondamentaux de la langue française, définis à l'aide de ce même vocabulaire, avec de nombreux exemples d'application. 360 pages (13 × 18 cm), 230 illustrations.

**en deux volumes** (21 × 30 cm)

## LAROUSSE UNIVERSEL

Plus de 2 000 pages. Le dictionnaire du « juste milieu ». 138 423 articles, des milliers de gravures, de planches en noir et en couleurs, 535 reproductions des chefs-d'œuvre de l'Art.

**en dix volumes** (21 × 27 cm)

## GRAND LAROUSSE ENCYCLOPÉDIQUE

Dans l'ordre alphabétique, toute la langue française, toutes les connaissances humaines. 10 240 pages, 450 000 acceptions, 32 516 illustrations et cartes en noir, 314 hors-texte en couleurs.

# dictionnaires pour l'étude du langage

*une collection d'ouvrages reliés (13,5 × 20 cm) indispensables pour une connaissance approfondie de la langue française et une sûre appréciation de sa littérature :*

## DICTIONNAIRE DES LOCUTIONS FRANÇAISES
par Maurice Rat. 462 pages; édition augmentée.

## DICTIONNAIRE DES DIFFICULTÉS DE LA LANGUE FRANÇAISE
*couronné par l'Académie française.* Par Adolphe V. Thomas. 448 pages.

## DICTIONNAIRE DES SYNONYMES
*couronné par l'Académie française.* Par R. Bailly. 640 pages.

## DICTIONNAIRE ANALOGIQUE
par Ch. Maquet. Les mots par les idées, les idées par les mots. 600 pages.

## NOUVEAU DICTIONNAIRE ÉTYMOLOGIQUE
par A. Dauzat, J. Dubois et H. Mitterand. 850 pages. *Nouveauté.*

## DICTIONNAIRE D'ANCIEN FRANÇAIS
par R. Grandsaignes d'Hauterive. 604 pages.

## DICTIONNAIRE DES RACINES
**des langues européennes.** Par R. Grandsaignes d'Hauterive. 364 pages.

## DICTIONNAIRE DES NOMS DE FAMILLE
**et prénoms de France.** Par A. Dauzat. 652 pages

## DICTIONNAIRE DES NOMS DE LIEUX
**de France.** Par A. Dauzat et Ch. Rostaing. 720 pages.

## DICTIONNAIRE DES PROVERBES
**sentences et maximes.** Par M. Maloux. 648 pages.

## DICTIONNAIRE DES RIMES FRANÇAISES
**méthodique et pratique.** Par Ph. Martinon. 296 pages.

## DICTIONNAIRE COMPLET DES MOTS CROISÉS
préface de R. Touren. 896 pages. *Nouveauté.*